# DE CÓMO LOS
# ANIMALES
# VIVEN Y MUEREN

# DE CÓMO LOS
# ANIMALES
# VIVEN Y MUEREN

## JAVIER RUIZ

diversa

© 2016, Javier Ruiz
© 2016, Diversa Ediciones
   Edipro, S.C.P.
   Carretera de Rocafort 113
   43427 Conesa
   diversa@diversaediciones.com
   www.diversaediciones.com

Primera edición: octubre de 2016

ISBN: 978-84-946081-0-0
ISBN ebook: 978-84-946081-1-7
Depósito legal: T 1298-2016

Diseño y maquetación: DONDESEA, servicios editoriales
Imagen de portada: © Esteban Sanchez/Shutterstock

Todos los derechos reservados. Queda prohibida la reproducción total o parcial de cualquier parte de este libro, incluido el diseño de la cubierta, así como su almacenamiento, transmisión o tratamiento por ningún medio, sin el permiso previo por escrito de la editorial.

Impreso en España – *Printed in Spain*

*A Laura, quien siempre me ha apoyado.*
*A mi perro Caos, por hacerme escribir.*

*Llegará un día en que los hombres conocerán el alma
de las bestias y entonces matar a un animal
será un crimen igualmente punible
que matar a un ser humano.
Ese día, la civilización habrá avanzado.*

Leonardo da Vinci (1452-1519)

# ÍNDICE

Prólogo .................................................. 15
Más allá de las rutas establecidas ........................ 15
Un cambio de modelo cognitivo y emocional ................ 17

Agradecimientos ........................................... 21

Introducción .............................................. 23

1. Un poco de historia: ¿qué fuimos?, ¿qué somos? .......... 25
Sobre el progreso ......................................... 25
Neolítico ................................................. 27
Del medievo a la posmodernidad ............................ 32

2. Sobre el modelo de consumo en la posmodernidad ......... 39
Eres un esclavo ........................................... 39
Parecidos razonables ...................................... 44
Los animales matan animales, así es la vida ............... 48
Zombis muertos de hambre .................................. 55
En la cuerda floja ........................................ 56
El ciclo de la carne, la ropa y el lujo ................... 57

3. El consumo de carne en el mundo ........................ 59

| | |
|---|---|
| Criando muertes | 61 |
| Casas de matanza | 63 |
| Origen y destino: de la granja a la mesa | 63 |
| Gallinas sin gallo | 65 |
| Cerdos sin barro; cerdos sin vida | 66 |
| Tengo una vaca lechera | 69 |
| El rapto del cómplice | 72 |
| Bruce Lee y la imposibilidad del medio plazo | 73 |
| Del estómago al cerebro | 76 |
| La incorporación de un modelo ético al sistema | 80 |
| | |
| **4. Nos miran con ojos de besugo** | 85 |
| De lo *verdaderamente jodido* hasta lo que deberíamos replantear ya | 89 |
| No nos caen demasiado bien... o la importancia de la empatía | 96 |
| Casos de gravedad: aleta de tiburón y otros ejemplos de idiotez innecesaria | 101 |
| Olas de cambio | 106 |
| | |
| **5. Eres lo que comes** | 109 |
| | |
| Aviso central | 123 |
| | |
| **6. Vísteme despacio** | 125 |
| ¡Soy el animal de moda! | 126 |
| Una piel por vida | 129 |
| Todo por el pelo | 130 |
| Por un puñado de plumas | 133 |
| El zoo y el circo como arquetipos sociales: la libertad robada | 135 |
| Origen y sentido, si lo hubo | 137 |
| Tenía buenas intenciones... | 138 |
| Causas y consecuencias | 140 |

Comprender las consecuencias ........................... 142
Las dos caras de la moneda: el circo y los espectáculos
con animales ............................................. 143
Los centros de recuperación ............................. 145
Conejillos de indias o cabezas de turco .................. 146
Vida de perros ........................................... 150
Sobre las protectoras y las perreras ...................... 151
Cambiar el sistema ....................................... 153
El mundo es tuyo ........................................ 156

7. Seguro que te olvidas de un animal .................... 159
El pan robado ............................................ 160
El esclavo invisible ....................................... 163
Yo soy aquel negrito… .................................. 166
El modelo de sobriedad de Mujica ....................... 169
¿Eres feliz? ............................................... 173

8. ¡Hakuna Matata! La filosofía del vive y deja vivir ......... 179
Caza de control vs. caza furtiva ........................... 181
El egoísmo de la necesidad ............................... 187
El ciclo de la vida ......................................... 190
Recetas para vegetarianos ................................. 194

9. Epílogo. Soy porque nosotros somos .................. 201

Bibliografía ............................................... 205

# PRÓLOGO

## MÁS ALLÁ DE LAS RUTAS ESTABLECIDAS

La vida puede transcurrir como un sueño, podemos pasar por ella dormidos, confortablemente abrigados en un lecho mullido o tiritando en un incómodo camastro, pero igualmente incapaces de despertar. Muy pocos entre nosotros nacen y crecen del todo despiertos. Siendo sincera, dudo que haya alguno. La mayoría de los que logramos abrir los ojos lo vamos haciendo según pasan los años, solo a ratos, a veces malinterpretando lo que vemos, permitiéndonos soñar de nuevo de vez en cuando para seguir cuerdos, o al menos cómodos.

Mirar el mundo que hemos creado frente a frente, sin parpadear, sin volver la cabeza, es muy duro, muy doloroso. También muy necesario. Una vez has despertado, aunque sea solo un poco, aquel sueño que te envolvía se te antoja deseable pero inconcebible. No hay vuelta atrás.

¿Cómo despertar? Con vivencias y reflexiones propias, pero también ajenas. El libro de Javier Ruiz, *De cómo los animales viven y mueren*, es una de esas herramientas que nos pueden ayudar a ver sin filtros, por nosotros mismos, a preguntarnos como poco qué hay más allá de las rutas establecidas.

Terry Pratchett, un autor infravalorado con demasiada frecuencia por su elevada producción, por moverse en el terreno de la fantasía y por hacer del humor su bandera, habla en su obra de la gente que tiene segundos, incluso terceros pensamientos. Gente que se vigila a sí misma, que se aparta de los caminos trillados y elige la sabiduría y la bondad, aunque eso implique soledad y explicaciones.

La obra de Javier Ruiz es la materialización de esos segundos y terceros pensamientos para todo aquel que se preste a recorrerla dispuesto a replantearse lo que siempre había creído lo normal, lo correcto, lo que hay que hacer.

Probablemente una de las mayores virtudes de este ensayo de Javier Ruiz es que no pretende que veamos lo que él ve, no busca conversos, asume que el lector discrepará con lo que en él se expone, no compartirá muchas de sus conclusiones. Se intuye a Ruiz más que dispuesto a debatir de forma constructiva ante un café. Lo que busca el autor es que pensemos por nosotros mismos, que nos hagamos preguntas y deseemos encontrar las respuestas, que tengamos el valor de actuar como nuestro corazón nos dicte aunque eso suponga ir a contracorriente.

Reflexión y ética. Aristóteles y Mújica. Filosofía y datos. Observación y empatía. Mataderos y campos de exterminio. Industria y antropología. Sensibilidad y justicia. Más lógica que emoción. Cerdos, gallinas, meros, perros, vacas, caballos y seres humanos.

Todo eso a lo largo de doscientas páginas que transcurren raudas, tanto que es fácil pasar por alto detalles importantes si se lee con descuido. Doscientas páginas que repasan lo que es el hombre, en qué se ha convertido y en qué está convirtiendo a los animales y a otros hombres que no son como él.

Pasen y vean.

Pasen y despierten si es que no lo han hecho ya.

MELISA TUYA
*Escritora y periodista*

## UN CAMBIO DE MODELO COGNITIVO Y EMOCIONAL

No cabe duda de que el mundo en el que vivimos no es el mismo en el que vivían nuestros padres, nuestros abuelos y mucho menos nuestros ancestros hace 10 000, 25 000 o 180 000 años. Los «*sapiens*» hemos evolucionado a un ritmo trepidante que nos ha hecho comportarnos como verdaderas «bestias» durante la segunda mitad del siglo XX. Nuestro modelo económico de capitalismo salvaje se ha llevado por delante miles de vidas —humanas y no humanas— y ha propiciado que nuestro planeta se mueva en la cuerda floja, una dinámica de la que parece difícil escapar. Nuestro estilo de vida ha provocado, en consecuencia, que millones de animales hayan tenido una muerte poco justificada. Estemos o no de acuerdo, sigamos o no una dieta vegetariana o un estilo de vida vegano, no cabe duda de que nos encontramos ante un modelo cultural donde el abuso y el maltrato animal están desgraciadamente a la orden del día.

Cada cual debe tener la libertad de decidir y de posicionarse con aquellas ideas y planteamientos que le resulten más cómodos. No se trata de todo o nada, de negro o blanco. Ni mucho menos se trata de imponer y mantener posiciones fundamentalistas. Sin duda, el libro que tienes en tus manos parte de esas premisas y plantea interesantes cuestiones y reflexiones que van más allá de un simple carnismo vs. veganismo. Si realmente apostamos por la viabilidad de este planeta —y de todos aquellos que vivimos en él—, debemos propiciar un cambio de sistema que pasa por un cambio cultural y que evidentemente se sustenta en un nuevo sistema educativo. Si actuáramos de otra manera tan solo conseguiríamos alargar la agonía de todos aquellos que sufren y mueren dentro de este sistema. «Ante problemas radicales, soluciones radicales», pero aquí la solución radical debe fundamentarse en primer lugar en un conocimiento de las bases de este problema.

Más allá de lo que pueda parecer, las «soluciones radicales» pueden ser radicalmente simples y al alcance de todos. Podemos reducir el consumo de carne y de otros productos de origen animal —o su eliminación total para aquellos que éticamente así lo consideren—, exigir unos estándares máximos de bienestar animal para aquellos animales que se encuentren en núcleos zoológicos —o simplemente no visitar dichos núcleos zoológicos—, adoptar animales domésticos y no comprarlos —o cuanto menos plantearse para qué queremos realmente un animal en casa y si le podemos garantizar una calidad de vida adecuada a sus necesidades biológicas y psicológicas—… Otras acciones dedicadas a minimizar nuestra huella ecológica en este planeta no estarían de más. De hecho, deberían acompañarnos en nuestro día a día, como podrían ser: reducir el consumo de energía, reducir la ingesta de productos vegetales no sostenibles con el medio ambiente ni con la conservación de las especies —el aceite de palma es quizá uno de los mejores ejemplos—, procurar consumir productos de proximidad, locales y socialmente justos, o un uso sostenible de la tecnología —teléfonos móviles y ordenadores entre otros— que permita minimizar el impacto que tiene la extracción de minerales extraños como el coltán sobre el medio ambiente y las poblaciones humanas y animales de esos países.

A mi parecer no se trata tan solo de dejar de comer carne o de vestir pieles animales si tras eso nuestra falta de coherencia nos lleva a comprar productos procesados que contienen palma, consumir tecnología de una manera insostenible o convertir nuestro hogar en un pseudozoológico donde los animales tienen la imposibilidad de vivir de una manera feliz y completa.

Si tal como se nos ha vendido eternamente somos quizá una de las especies animales más inteligentes que han poblado este planeta, ¿cómo puede ser que estemos destruyendo, abusando y maltratando de manera indiscriminada a aquellos con los que convivimos y el lugar donde vivimos? Ese cambio de modelo del que tantos hablamos debe pasar a su vez por un cambio de modelo cognitivo y emocional en «*sapiens*». Debemos conocer y emocionarnos, debemos ser capaces de sentir y vivir el dolor de aquellos que nos rodean. Debemos conseguir que un nuevo latido en nuestro corazón nos lleve no solo a pensar sino a actuar de una nueva manera. Las líneas en las vas a sumergirte a continuación te ayudarán. ¿Te atreves?

Dr. Miquel Llorente Espino
*Director del Institut de Recerca i Estudis en Primatologia*
*y Responsable de Investigación en Fundació Mona.*
*Presidente de la Asociación Primatológica Española.*

# AGRADECIMIENTOS

Este libro no hubiera sido posible o, por lo menos, no hubiera sido tan completo ni bibliográficamente correcto sin el apoyo de cinco personas que me han ayudado desinteresadamente a contrastar toda la información que aquí se refleja y a lanzar tantas miradas críticas como fueran necesarias a cada una de las líneas de los nueve capítulos que lo componen.

Por todo ello, agradezco la inestimable —pero muy estimada— ayuda de David Garcia i Rubert, doctor en Historia, especialidad Arqueología, de la Universidad de Barcelona (UB), y de Jordi Nadal Lorenzo, doctor en Prehistoria, Historia Antigua y Arqueología, de la misma universidad, quienes no solo me facilitaron toda la información documentada que pudieron encontrar y más, sino que también dedicaron parte de su valioso tiempo en asesorarme en este pequeño proyecto que me empeñé en tirar adelante.

También a Laura Palau Nadal, a quien he mareado incontables horas frente al ordenador y en los lugares más inimaginables posibles para que me ayudase a rellenar todos los huecos que esta obra tenía, que no eran pocos, y quien vive con el hándicap de ser mi persona favorita, mi mejor amiga y mi mujer.

Por último, a todos los lectores de Doblando tentáculos, mi blog personal, donde de algún modo todo esto empezó, y gracias al que tuve la gran suerte de conocer a Carlos Gutiérrez Tutor y Olga Canals Anglès, quienes han hecho posible la edición de este libro.

# INTRODUCCIÓN

No tienes por qué hacerlo. No tienes por qué creerte mejor que los demás por comer cerdo y no perro. O por vestir prendas sintéticas mientras engulles una tostada con *foie gras*. No se trata de eso; no tiene relación con si eres omnívoro, carnívoro, vegetariano o vegano; no tiene relación con si vistes cuero o si jamás se te ha pasado por la cabeza. No es cuestión de comercio justo, o neocolonialismo; ni tan siquiera de sentimientos, o espíritu, o alma.

Se trata de *saber*. Saber que en algunas fábricas de Rumanía despluman vivos a los patos; que el *foie* es producto de una enfermedad (cirrosis) que se provoca intencionadamente a las ocas; que comes carne criada en cautividad, de vaca, de ternera, de cerdo, que jamás vio la luz del sol, que ha sido sobrehormonada y trágicamente muerta de un modo total y completamente antinatural e inhumano.

Durante años he escrito historias; algunas eran mera ficción, otras eran experiencias volcadas en un papel. La víspera del Día de Reyes del año 2015 murió Caos. Y el día 8 de ese mismo mes, *El Huffington Post*, *El País* y centenares de blogs conocían nuestra historia con aquel perro que encontramos en una carretera tocando la medianoche.

Horas más tarde, cuando vi cómo mis palabras habían llegado a más de un millón de personas, no podía creérmelo. Sabía desde el principio que era un tema delicado; un sentimiento al que había dado forma en palabras, y a través del que muchas personas podían identificarse. No importaba si era Caos, Coco, Nuka, Dana, Piula o cualquier otro perro; Caos se había escapado, pero nos había hecho un último regalo: la universalidad de su historia.

Días después, quizá me contagié un poco de esa tenacidad que mi perro ofrecía paso tras paso. Reduje mi carga de trabajo y empecé a escribir. Entonces, me planteé: «Quizá no solo es cuestión de hacer o no hacer en lo que respecta al maltrato animal, o a nuestro modo de vida, o a nuestras formas de consumo; se trata de conocer qué hay detrás de esa granja, de esa fábrica de piel e incluso de aquella multinacional de la telefonía».

Nos han dicho tantas veces que no es posible que hemos terminado por creerlo. Yo también lo hice; después, vi como un perro moribundo volaba. Y ahora no puedo evitar querer cambiar el mundo, igual que él lo hizo: lento, muy lento, pero firme.

# 1  UN POCO DE HISTORIA: ¿QUÉ FUIMOS?, ¿QUÉ SOMOS?

*El hombre es el único animal que tropieza
dos veces en la misma piedra.*
PROVERBIO ESPAÑOL

*El hombre razonable se adapta al mundo;
el irrazonable intenta adaptar el mundo a sí mismo.
Así pues, el progreso depende del hombre irrazonable.*
GEORGE BERNARD SHAW (1856-1950)

## SOBRE EL PROGRESO

Somos animales, pero se nos ha olvidado. Somos animales con inteligencia y conciencia de muerte, pero eso no nos hace demasiado diferentes de los perros, de los cerdos, de los tigres o de los jabalíes.

Cuando empecé a preparar este capítulo, anoté al margen de varios folios lo que necesitaba: información sobre sociedades nómadas en el Paleolítico, vida en Çatalhöyük, culturas neolíticas, grandes civilizaciones, medievo, revolución industrial…, y así, hasta la edad presente.

Rápidamente me sorprendió ver cómo, según nuestra historiografía, todas las culturas que se sucedían, salvo contadas excepciones, se habían considerado a sí mismas aquellas más evolucionadas sobre la faz de la Tierra[1].

Sin embargo, este evolucionismo social no puede circunscribirse, únicamente, a aspectos concretos de cuatro de las principales culturas de la historia (fenicios, griegos, romanos y judeocristianos), sino que deberíamos imaginar sus aportaciones como algunas de las ramas de un gran árbol cuyos nuevos brotes, a menudo, son tan importantes como el resto de sus tallos, pero donde la perspectiva desde la que los miramos tiene un papel fundamental.

Así, siguiendo esa hipótesis, jamás el progreso había alcanzado este extremo —hoy la ciencia es prueba de un gran número de mejoras académicas, científicas y técnicas— y, por el contrario, nunca antes en la historia de la humanidad se cometió un número tan elevado de masacres ni se había afectado a un nivel remotamente similar la vida animal y vegetal del planeta.

Todos estos blancos y negros no tienen una única respuesta. No se trata de nuestra naturaleza depredadora o de la masificación en las grandes ciudades; tampoco puede circunscribirse a la producción *excesiva* de alimentos en nuestra sociedad o al enorme negocio que esto último supone. Del mismo modo, el lujo, la diferenciación social o la conveniencia son factores relevantes, pero son solo eso: factores. Por todo ello, adentrarse en este tema solo puede hacerse de un modo: a fondo.

---

1 Esta es una idea que puede plantearse como un error similar al que se produce cuando hablamos de una escala jerárquica en la evolución que, tradicionalmente, se había comprendido como una línea recta y no como un árbol de la vida. Si nos circunscribimos a la ciencia como conjunto de conocimientos estructurados sistemáticamente, podríamos afirmar que somos más evolucionados que otras especies y que nuestros antepasados directos, pero también deberíamos tener en cuenta que bebemos directamente de una evolución continuada que, en última instancia, se nutre de la aparición de las primeras grandes civilizaciones.

Eso sí, antes de empezar, recibe un último aviso. Como dije al inicio, y me reitero, no escribo estas líneas para ofrecer mi opinión personal, ni para enviar datos sesgados a conveniencia, sino para crear un documento que se legitime mediante información real, objetiva y analizable. Puedo ser el verdugo o el ejecutado, no importa, pero no el espectador que lo presencie desde fuera, y no va a ser bonito.

## NEOLÍTICO

Fue el británico John Lubbock quien acuñó el término Neolítico (Piedra Nueva), aunque su labor teórica o de campo fue más bien escasa, y sus intereses principales estuvieron siempre más centrados en las matemáticas y en la astronomía. La nueva piedra de la que hablaba en su libro *Tiempos prehistóricos* (1865) estaba pulida, y no tallada (cortada a golpes, para entendernos), y tenía una ventaja: era más resistente. Además, ofrecía una certeza histórica: se había utilizado en actividades agrícolas, es decir, sedentarias[2].

En este caso no importa el porqué del cambio ni el lugar exacto, pues estamos contextualizando una historia de miles de años de un modo superficial, aunque el proceso más conocido se origina cerca de lo que fuera Kurdistán, que ahora se ubicaría entre los territorios de Siria, Irán, Irak y Turquía. La razón de este cambio fue climática: las temperaturas descendieron y provocaron la migración de algunas especies (el reno, por ejemplo)

---

[2] Debemos tener presente que, si bien la mayoría de sociedades agrícolas son sedentarias, ni todas lo son, ni todas lo han sido. Así, la implantación de la agricultura en Mesoamérica se produce en sociedades que durante milenios han mantenido un comportamiento territorial nómada.

hacia las zonas del norte, dificultando las actividades de caza y favoreciendo el sedentarismo.

Sin embargo, es imperativo entender que resulta imposible generalizar. ¡Con lo que nos gusta hacerlo por norma! Y es que la arqueología tiene mucho cuidado en separar el Neolítico en el continente americano de aquellas primeras sociedades del Levante Sirio-Palestino que inician sus procesos de sedentarización entre el 11000 y el 7000 a. C. y que, posteriormente, se expanden por toda Europa.

En lo que se refiere a la relación entre seres humanos y animales, seguirá siendo de conveniencia; en la mayoría de los casos, por interés humano, pero también a la inversa, donde destacaría la figura del perro y, muy posteriormente, del gato, útil en los graneros egipcios que eran vulnerables a las plagas de roedores (Camps, 2002).

Las primeras razas de perro doméstico se remontan, por lo menos, a las sociedades neolíticas tempranas (De Jorge, 2013), y todo indica, según los últimos estudios presentados por la Harvard Medical School (Skoglund *et al.*, 2015), que los dos exponentes más antiguos de los que se tenía constancia —uno en la cultura auriñaciense (31680 a. C.) y otro, bajo periodo magdaleniense, en la región rusa de Eliseevichi (14000 a. C.)— serían finalmente perros que ya convivían con grupos humanos durante el Paleolítico (Martínez, 2015), y no lobos como se había apuntado en reiteradas ocasiones (Grace, 2015).

Así, de un modo casi universal, los historiadores y arqueólogos aceptan, hoy día, la inserción del perro en grupos humanos de inicios del Neolítico por adaptación espontánea de estos, y no por nuestro deseo expreso (Salas, 2013). Siguiendo la idea de los párrafos anteriores, es probable que, muy pronto, estos conceptos nos lleven a afirmar que miles de años atrás los perros ya empezaban a formar parte de nuestra vida diaria.

Llegados a este punto, al inicio del Neolítico, podemos asegurar que, por primera vez en la historia de la humanidad, los seres humanos se asientan en núcleos de población estable, instaurando una relación de necesidad y reciprocidad entre actividades ganaderas y agrícolas y abandonando, parcialmente, la economía de caza y recolección propias del Paleolítico y la Edad de Piedra. A posteriori, los nexos de unión entre los distintos pueblos se forjarán a través del pastoreo en continuo movimiento y, sobre todo, mediante sus variantes locales, como la trashumancia (también local) y la trasterminancia.

En la actualidad todas estas actividades están en el ojo del huracán, y muchos activistas vegetarianos y veganos, entre los que destacan organizaciones como PETA o discursos más individuales como el del activista estadounidense Gary Yourofsky —quien limita los cuatro principios básicos por los que consumimos carne y productos de origen animal al hábito, la tradición, la conveniencia y el sabor—, ven en las primeras grandes civilizaciones el principio de ese cambio que nos ha vuelto, generación tras generación, más carnívoros que antes[3]. Pese a sus diferencias, todos estos grupos afirman por igual que no es una *conducta* ética ni saludable.

Si bien ya habrá tiempo para presentar estas ideas, es importante reflejar que, al margen de que estas premisas sean o no sean ciertas —es pronto para presentar e incluso para plantearse valorar estos puntos—, a lo largo de la historia de la humanidad *hemos* necesitado la carne de otros animales para sobrevivir. Somos animales omnívoros y, al fin y al cabo, esa es la adaptación

---

3 No obstante, vale la pena señalar que las sociedades agrarias reducen su ingesta de carne con respecto a las últimas sociedades de cazadores-recolectores, como mínimo en entornos extratropicales; las afirmaciones de grupos como PETA o Yourofsky deben delimitarse mucho a un periodo no superior a los últimos setenta años.

natural de la que más agradecidos deberíamos estar, como demuestran teorías evolutivas como la del tejido caro (Aiello, L. C. y Wheeler, P., 1995).

Más tarde, las culturas que se suceden a lo largo del Neolítico dan como resultado mejoras tecnológicas enormes que hoy pueden parecer muy simples, pero que han formado parte de nuestra vida diaria durante milenios, como la alfarería (recipientes para líquidos), los trenzados[4], los telares o la domesticación de animales. A lo largo de este periodo surgen los primeros grupos que se asientan en un territorio, lo que ayudó notablemente al florecimiento de las primeras grandes ciudades, como Jericó, Eridu o Ubaid, y dio inicio a la eclosión de las grandes civilizaciones de la Edad Antigua.

En este mismo escenario, la caza se convierte, poco a poco, en una actividad minoritaria y en un rito social, quedando relegada frente a otras actividades para la subsistencia. De algún modo, durante seis milenios, podríamos afirmar que los animales se integran junto a las poblaciones humanas (Childe, 1978), normalizando los procesos de cría para el consumo y actuando como complemento de la dieta de cereales propia de la Revolución Neolítica: cebada, trigo y centeno.

Esta idea de progreso se comprende, no obstante, por la posibilidad de garantizar el suministro de comida de forma continua y favorecer otras mejoras (comercio, cerámica, especialización de los miembros del grupo, etc.) que llegaron de la mano de las primeras sociedades sedentarias; no obstante, también debemos tener presente que el Neolítico supuso la destrucción de

---

4 Para no confundir al lector, es importante agregar que la cestería ya era utilizada por grupos de cazadores-recolectores durante el Paleolítico, algo que no es en absoluto extraño debido a su función clave, que explica el porqué de su aparición temprana.

grandes extensiones de vegetación, la reducción de especies vegetales por la estandarización del comercio, la búsqueda del consumo más eficiente posible (menos semillas) y, evidentemente, una alimentación mucho menos variada.

Hoy día también se tienen en cuenta otros factores como las causas negativas de la densidad de población en aldeas y ciudades (por ejemplo, los problemas sanitarios), la salida de la ecuación relacionada con la «selección natural» e incluso el aburrimiento.

Así, deberíamos aceptar que la idea de progreso que se nos ha vendido tradicionalmente no es más que el concepto de *cambio* mal entendido, aderezado con la superioridad del tiempo presente (vivos) frente al pasado (muertos), como si tal caso ofreciese alguna legitimidad, y auspiciado por una mala concepción del pasado sobre la base del llamado presentismo arqueológico (Balashov y Jansen, 2003). En esta línea, de lo que sí podemos estar seguros es de que el fin del nomadismo en las sociedades depredadoras multiplica la muerte animal y fundamenta el inicio de la ganadería bovina, ovina y caprina como forma de vida.

La Revolución Neolítica es el último gran cambio del *Homo sapiens* (Cauvin, 1992) y supone la base mediante la que se configuran las primeras grandes culturas y sociedades, como los sumerios de la Baja Mesopotamia, los ciudadanos de Harappa o Mohenjodaro en el valle del Indo, las primeras culturas del valle del Huang Ho, en la actual China y, más tarde, cientos y miles de territorios repartidos por todo el Mediterráneo.

La configuración animal no sufre variaciones destacables durante muchos siglos, si bien la domesticación supone cambios morfológicos, fisiológicos y de comportamiento, un proceso paulatino que nos llevará hasta las primeras granjas y los primeros grupos de personas dedicados íntegramente al campo que fueron, gradual y *parcialmente*, relegados a los límites de las ciudades e incluso a áreas adyacentes.

## DEL MEDIEVO A LA POSMODERNIDAD

En las sociedades medievales donde todo el mundo tenía su sitio —y aquel que no lo tenía era destinado a una guerra lejana o a la exploración de nuevos territorios— encontramos las primeras diferencias sociales de interés. Si bien la Edad Media parece un periodo muy estamental y cerrado (campesinos y mercaderes, clero y nobles), una lectura más detallada nos deja ver que existía una notable flexibilidad entre la mayoría de estos grupos (Constable, 1995, p. 267), y una curiosa lucha de clases que, a un lado, tenía el beneficio y el sostenimiento del nivel de vida del señor feudal y, al otro, las condiciones de vida y las necesidades de los campesinos (Gelabert, 2007, p. 591).

Todo este rollo, en especial para aquel o aquella al que no haya conseguido picar la curiosidad, se puede resumir en que la agricultura y la ganadería seguían siendo el núcleo de nuestro mundo tras la caída del Imperio Romano de Occidente, y este es un hecho que se extiende hasta nuestros días. No obstante, a lo largo de la historia de las primeras grandes ciudades observamos cómo la vida animal, a excepción de la mascota o del animal útil (caballos, colecciones de animales exóticos, casas de fieras, etc.), se separa totalmente de las clases bienestantes, sean estas ciudadanos, patricios o nobles, sin quedar relegada íntegramente al campo como podríamos presuponer erróneamente.

El animal doméstico vive con los seres humanos, ininterrumpidamente, al menos desde época romana, donde los cerdos, los conejos y algunas aves (gallinas, patos, ocas, palomas, etc.), que no requieren de movimiento para su alimentación, funcionaron a las mil maravillas en entornos donde las sobras podían transformarse en proteínas y grasas animales. ¿Eran acaso tan eficaces como una vaca transformando hidratos de carbono en proteínas? Evidentemente, no. Pero sí muchísimo más útiles en entornos urbanos donde el excedente a desechar (las sobras) podía convertirse, a medio plazo, en más comida. Asimismo, tampoco deberíamos olvidar los puertos como otra zona limítrofe, donde los pescadores no dejan de ser otro tipo de depredadores dedicados a una forma distinta de caza; en este caso, la pesca de bajura también debería ser considerada dentro del espacio urbano o suburbano.

De cualquier modo, y para no alargarnos más de la cuenta, podríamos sintetizar que la mayoría de estos espacios no eran zonas íntegramente urbanas, sino más bien periurbanas, es decir, alejadas del centro de las ciudades; pero que los cerdos, las gallinas e incluso las vacas lecheras no se encontrasen en el centro de la plaza Cataluña de Barcelona o en el paseo de la Castellana de Madrid no significa, como bien apuntaron Serjeantson y Waldron (1989), que ese distanciamiento frente a la vida animal fuese algo habitual antes de mediados del siglo XX en muchos puntos del globo.

Así, la matanza de cerdos o la producción de leche es una tarea de la que se ocupa siempre el campesino, pero no es hasta el siglo XX cuando las granjas y las vaquerizas se excluyen hacia los límites de la ciudad, siendo este el segundo gran cambio en lo que a nuestra alimentación se refiere. De este modo, las sociedades que viven gracias al campo ya no necesitan vivir en él, sino que han encontrado el modo de mantener una relación (por norma, amparada en la superioridad de su clase) con este y aprovechar (gran) parte de sus recursos.

Si analizamos ahora la sociedad de clases de la Edad Media solo un instante, comprobamos que quienes realmente sacaban partido al trabajo de campo, por posesión del mismo y de los animales, eran las clases diligentes de la época, mientras que el trabajador o campesino, al servicio de su señor y a través del sistema feudal, debía subsistir de cereal en la mayoría de los casos. Hasta aquí, seguramente no te he descubierto nada nuevo.

Por el contrario, quizá no sepas que, en Europa, el consumo constante de carne fue, durante siglos, potestad casi exclusiva de la clase alta (Miranda y Guerrero, 2008), donde el resto de agentes sociales tenían un acceso mucho más limitado a ella (Banegas, 2005). Y si bien esto no trata sobre hacer una historia de la humanidad relacionada con la carne y su consumo, todo indica que es algo que ha ocurrido durante milenios por todo el planeta.

Hasta aquí, la pésima clase de historia, ¿de acuerdo? Ahora, solo te pido un pequeño favor. Responde a esta pregunta que puede parecer retórica: ¿qué ocurre cuando los mercaderes y los artesanos empiezan a ganar dinero? Evidentemente, esas familias inician un ritmo de vida que no es acorde a su clase social; de golpe y porrazo, aparece en escena el concepto «clase económica», que si bien no tiene espacio a inicios del siglo XIV en una sociedad que se contrae sobre sí misma al ver cómo se oxidan sus propios anclajes, termina imponiéndose ante el desarrollo del comercio, las actividades financieras y la aparición y difusión de los gremios, que traen consigo, a su vez, conceptos como «competencia» o «mercado libre».

¿Qué sabemos, pues, de la burguesía? ¿Qué hubiéramos hecho nosotros una vez hubiésemos dejado atrás aquellas obligaciones y contado con la posibilidad de hacer realidad anhelos que, en el campo y en las condiciones de un mercader previas al siglo XIV, no tendríamos potestad de llevar a cabo? Para toda esa gente era el momento de montar a caballo, buscar una buena casa y vestir y comer bien, ¿o no? ¿Y dónde encontrar el reflejo más obvio de las malas condiciones de la clase baja en época medieval? Sin atisbo de dudas, en los nobles.

Sea la burguesía flamenca, de la que el matrimonio Arnolfini, de origen italiano, es el máximo exponente en la obra de Jan van Eyck en 1430, sea la burguesía catalana, madrileña o vasca que, a mediados del siglo xix, ve en el modernismo y en el lujo una oportunidad de acercarse a las grandes culturas europeas de la época y alejarse del mediocre ruralismo español, se ha afirmado en reiteradas ocasiones, con fundamento, que, en Occidente, todas las clases bienestantes a partir del siglo xv comen carne como hecho distintivo, e incluso podríamos agregar que esto puede retrotraerse milenios atrás, hacia las grandes civilizaciones del continente euroasiático; y muy probablemente incluso a través de una tendencia global.

La historia nos muestra, entonces, que las sociedades bienestantes comen carne y otros productos de origen animal como base de su alimentación, y aquellas clases y pueblos más modestos mantienen una dieta basada en los cereales y en otros productos de origen vegetal. Esta apreciación no es en absoluto capciosa, sino realista; y por ello, un análisis alimenticio detallado de un país como Italia nos permitiría comprobar que las regiones del sur comen mucha más pasta que las del norte, que mantendrán una dieta más variada, así como las poblaciones africanas o latinoamericanas pobres siguen alimentándose, principalmente, de patata, verdura, fruta, leguminosas y pan. Por el contrario, la bonanza económica, el índice de desarrollo humano y el nivel de vida hacen que países como Estados Unidos, Francia, Inglaterra o Alemania, por citar algunos ejemplos, mantengan un consumo diario de carne o pescado, y en la mayoría de los casos tanto de carne como de pescado (ChartsBin statistics collector team 2013, 2013).

Aquí se dan cita dos problemas: por un lado, como veremos a posteriori, ese consumo no es sostenible a nivel global, y actualmente supone la destrucción de enormes reservas de agua potable, especies animales y otros seres humanos (Riechmann, J.,

2008); por otro, se ha estandarizado y exportado como modelo de bienestar, lo que provocaría que si países como China o la India asumiesen este modelo (Brodwin, D., 2015), primero, tendríamos que seguir reduciendo la calidad de los «productos» y, segundo, no podríamos sostener su consumo.

Y la idea expuesta en el párrafo anterior arroja una buena pregunta en realidad: ¿cómo mantenemos ese nivel de consumo? La respuesta es sencilla: revolución industrial; donde después de las hiladoras y la famosa *Spinning Jenny* se dieron cita enormes entramados de maquinaria junto a ideas de aprovechar al máximo esas infraestructuras, como la producción en cadena o en masa, un sistema muy similar al utilizado en los mataderos, por ejemplo. La evolución de estos centros se produjo desde antiguos edificios e incluso instalaciones a cielo abierto que sufrían ataques constantes de predadores en busca de carne fresca y que no contaban con ningún tipo de instrumental de procesado —es decir, de automatismos que permitiesen matar, despiezar y trocear animales de un modo más eficiente— hasta enormes entramados de maquinaria que podían hospedar, matar, tratar, conservar y empaquetar los cadáveres de los animales sacrificados.

Todo ello se sustenta a través de dos ejes: por un lado, la revolución industrial; por otro, el descubrimiento de las primeras máquinas frigoríficas, como la de compresión por éter, del americano Jacob Perkins en 1834, o el uso del primer refrigerante por medio de compresión mecánica a través del amoníaco por Carl von Linde en 1876. Por supuesto, las comunicaciones y el sistema de transporte también han favorecido la globalización de «productos» que abandonan el matadero hacia la otra punta del mundo. Así, la invención de los primeros frigoríficos de origen industrial permitió alejar la carne de su lugar de consumo y es un punto clave para comprender por qué podemos consumir grandes cantidades de carne y pescado que llegan desde cientos de miles de kilómetros de nuestros hogares.

Del mismo modo, para mantener estas infraestructuras en funcionamiento se consumen enormes cantidades de agua también en la limpieza e higienización de la carne, así como a través de la electricidad necesaria para mantener activas las instalaciones.

Para hacernos una idea de las necesidades energéticas, debemos tener presente que el consumo eléctrico es tan elevado que suele recibirse en alta tensión, contando las plantas de procesado de carne con transformadores propios.

En la actualidad, la conciencia ética de una parte de la sociedad contemporánea se ve en una disyuntiva moral. Por un lado, cada vez se consume más carne, pues es un producto que se ha democratizado; en contraposición, el ciudadano no quiere pensar ni saber de dónde sale toda la carne que, anualmente, supone 2500 millones de kilos en España, es decir, más de 55 kilogramos de carne por persona (MAGRAMA, 2013).

A grandes rasgos, esa es la historia con la que quería empezar este texto, ¿sabes? Un relato sorprendente, pero en el mal sentido; una tenue cronología sobre un grupo de cazadores que perdieron a los renos de vista, y se vieron en la necesidad de cambiar sus costumbres. De ahí a maximizar las cosas, o a acercarse al otro extremo, hay un trecho. Y a lo largo de ese camino se puede comprobar que matar millones de animales cada segundo no puede ser sano ni ético; y si no te lo crees, prueba a hacerlo tú mismo. No hace falta que sea con las manos, hazlo con un cuchillo; y miéntete diciendo que todos esos animales mueren para que nos alimentemos, y no para engordar todavía más a un sistema financiero que mueve miles de millones cada año (USDA, 2016).

Explicar todo esto no es sencillo; tampoco oírlo o leerlo. No lo es. Pero ver que las cosas no son como siempre se nos ha dicho y por qué ocurren es un primer paso; notar esos blancos o vacíos intencionados sobre los que nadie quiere pensar es el camino. Terminar, termina cambiando nuestro mundo, afectando poco o mucho en él, sumando esfuerzos.

¿Y sabes? Hay miles de millones de cosas por las que preocuparse: enfermedades, salud, alimentación, injusticia, libertad, trascendencia… Pero tengo una buena noticia para ti: este tema engloba parte de todas ellas.

Gracias por acompañarme.

# 2 SOBRE EL MODELO DE CONSUMO EN LA POSMODERNIDAD

*Quizá este mundo sea el infierno de otro planeta.*
Aldous Huxley (1894-1963)

*De noche, sobre todo, es hermoso creer en la luz.*
Platón (V y IV a. C.)

## ERES UN ESCLAVO

Eres un esclavo. Puede que te sorprenda esta afirmación al inicio del texto, pero quiero que lo sepas cuanto antes. Eres un esclavo de la costumbre, de las multinacionales y de los mercados financieros; y esclavizar a otras especies no te volverá más libre, sino todo lo contrario.

¿Y sabes qué? Vamos a aparcar el tema de la carne un rato. Vamos a hablar de todo lo demás. De la forma en la que se mueve el mundo a tu alrededor, ¿de acuerdo? ¿Por qué crees que parte de los productos que consumes vienen de Latinoamérica o exportamos nuestra carne, fruta y verdura a 10 000 kilómetros de distancia (Naciones Unidas, 2002)? ¿Qué beneficio tiene para nosotros llevarnos la producción al otro lado del mundo y traer la suya aquí? ¿Cómo se mantiene un sistema donde un

10% de la población humana muere de hambre? ¿De qué (de cuántas muertes) está hecha esa chaqueta de piel? ¿A qué velocidad cambian los modelos actuales de consumo?[5]

Todas esas preguntas tienen su respuesta en la macroeconomía: la economía global, y ahí tú eres muy pero que muy pequeño (o pequeña). A gran escala, los productos y servicios se mueven por interés financiero; no únicamente, por supuesto, pues se fundamentan en algo que te atañe directamente a ti: el ahorro y la posibilidad de inversión.

En realidad, es muy simple. A nivel nacional, y simplificándolo mucho, un país que quiera funcionar con la máxima eficiencia intentará exportar todo su excedente e importar lo mínimo posible; en un mundo ideal, si producimos quinientas toneladas de fruta extra sería recomendable exportarlas y venderlas en otro país; si somos autosuficientes o necesitamos exportar lo mínimo, podremos hacer un ahorro del PNB (Producto Nacional Bruto), es decir, priorizaremos lo que se produce en el interior más los activos de trabajadores españoles trabajando en el extranjero (PIB o Producto Nacional Bruto) frente a lo que se tiene que obtener del exterior para consumo.

En una economía global, ningún país produce de todo, así como tampoco lo importa. Esto no es negativo *per se*, sino que, bien llevado, favorece el contacto con otros países y las relaciones comerciales, si bien saliéndonos de las utopías, también puede suponer discusiones y negociaciones para buscar una mayor rentabilidad o, simplemente, un margen de beneficio.

El problema real surge cuando la producción no mantiene una política económica amparada en aspectos tan básicos como los derechos humanos o el derecho de la competencia, y recurre

---

5 Un estudio de Creafutur y ESADE publicado el 18 de mayo de 2012 señala un nuevo cambio en el modelo de consumo mundial (ESADE, 2012).

a prácticas de *dumping*, engaño, denigración o monopolio amparadas en la dependencia económica o de otro tipo. Entonces, la competencia desleal entraña, en un mundo globalizado, sus propios riesgos: ¿o crees que el Derecho Internacional se aplica en Sri Lanka igual que en Francia?

El principal hándicap del baremo importar-exportar es que se realiza desde una óptica global privada; dicho de otro modo, se buscará el mayor beneficio posible y, si las condiciones lo permiten, se hará sobre la base de unas condiciones de trabajo pésimas y unos costes salariales bajos.

En otras palabras (más simples aún), sin un control global, importar a gran escala supone que los países ricos se llevan la producción a los países pobres y allí reducen costes, como ocurre con Asia, África y con múltiples zonas de Latinoamérica. De igual modo, los países pobres no tienen posibilidad de crear una estructura comercial interna y dependen del exterior, quien no les ayuda a ello precisamente, sino que los obliga a exportar materias primas y alimentos, manteniendo lo que se conoce como neocolonialismo.

El problema es que eso no queda ahí (aunque también son personas, pese a que muchas veces nos olvidamos, ¿sabes?), sino que se intenta adecuar a todos los niveles. Para empezar, se aplica en las fábricas españolas de automóviles, que se establecen aquí porque España es un país con mejores incentivos para ello (sueldos menores, condiciones laborales menos estrictas que en el norte de Europa, etc.), hasta que los países del este de Europa *relajan* su política, y entonces es más beneficioso llevar la producción hacia allá. El ejemplo de los coches se aplica a todo; incluso a los melocotones… ¡En serio! En 2013, al menos el 25% de toda la producción de melocotones de Calanda (Teruel) se exportaba al extranjero; si esta decisión se debe a un excedente (F.S., 2013) el problema es inexistente, y el beneficio de la producción repercute en el país; en cambio, si la decisión se mueve, simplemente, por interés financiero, la infraestructura queda al servicio de unos pocos.

Del mismo modo, como denuncia un gran número de investigadores del sector agroalimentario, basar las decisiones científicas e incluso éticas en un baremo financiero (o sea, aquel que ofrezca más rentabilidad) tiene otras causas negativas, como la pérdida de variedades vegetales y el aumento de la contaminación (Vivas, 2013), el uso de pesticidas, el control de los cultivos por parte de empresas multinacionales y, lo que todavía es peor, la falta de implicación de lo que debía ser su mayor fortaleza en el mercado: la posibilidad de afrontar el reto de alimentar a colectivos pobres o en riesgo de pobreza y cultivar en zonas donde la salinidad o el clima no lo permiten.

Por todo lo comentado anteriormente, el Corporate Europe Observatory (un grupo de presión e investigación contra los *lobbies* en Europa) y la delegación de Amigos de la Tierra en Europa (Friends of the Earth Europe) crearon la campaña *Stop the crop* (Corporate Europe Observatory & Friends of the Earth, 2015) contra la implantación de los cultivos transgénicos y como vía de denuncia. Algunas de las afirmaciones que podemos extraer del texto son:

> Los cultivos transgénicos están patentados, permitiendo que la investigación, la mejora de semillas y el conjunto de la cadena alimentaria de cultivos transgénicos estén controlados por un puñado de empresas multinacionales como Monsanto, Bayer, Syngenta, Pioneer y Dow.
> 
> [...]
> 
> Prácticamente todos los cultivos transgénicos presentan una de estas dos modificaciones: están modificados genéticamente para ser resistentes a herbicidas químicos o para que la plan-

ta produzca su propio insecticida. [...] Por su parte, los cultivos insecticidas producen de forma constante toxinas, incluso cuando no son necesarias, y pueden matar de forma indiscriminada a otros insectos beneficiosos para el medio ambiente.
[...]
Las constantes promesas de la industria sobre la capacidad de los cultivos transgénicos para afrontar los crecientes problemas sociales a nivel global son simplemente un mito: aún no hay ni un solo cultivo transgénico comercial modificado para mejorar los rendimientos, o tolerante a la salinidad, con mejores cualidades nutricionales o con otros rasgos «beneficiosos».

Así ocurre con todo; y también a la inversa. Pero dejemos la fruta a un lado; ahora aplica todo lo que estás leyendo a las importaciones, a todos esos productos *muy* baratos que puedes crear en otros puntos del planeta (camisetas, bolsos, zapatillas, trajes...) y que comercializas por unos pocos euros o dólares por prenda. ¿Quién tiene la fuerza para mover esa producción?, ¿y cómo lo hacen?, ¿cómo es posible que se venda ropa a 1, 2 o 3 euros y se consigan beneficios como los que presentan Zara o Primark (Salvador, 2015)? ¿Qué hay detrás de esas marcas?

En realidad, lo sabes. Nos dicen que son materiales baratos, ausencia de inversión publicitaria, cadenas de producción eficientes..., y nos lo creemos (Zamora, 2013). Simplemente, es que todo se ve muy grande y ordenado como para plantearse mirar detrás de la cortina. Y la verdad es que no tengo ningún interés en hacerte sentir mal, ni en pelearme contigo; estamos aquí para buscar una solución, y no para crearte más problemas. Tú, yo y el resto del mundo..., cada uno tiene sus propios dolores de cabeza, ¿no?

Ya tienen sus propios dolores de cabeza... No sé, no me convence; ¿y a ti?

## PARECIDOS RAZONABLES

Hace 10 000 años matábamos y moríamos, y seguimos haciéndolo. Hace 10 000 años utilizábamos a los animales, y seguimos utilizándolos: para comer, para vestir, para diferenciarnos, o para llenar nuestras vidas. Por eso, tenemos perros y gatos, y decidimos salvar a un porcentaje de los mismos y, por el contrario, sacrificamos a pollos, conejos, vacas o cerdos.

Ni tú ni yo hemos creado el sistema, aunque en mayor o menor medida ayudamos a que este se mantenga. Pero te has fijado en cómo se parecen un gato y un conejo, ¿verdad? ¿O cómo se consume carne de perro de forma ilegal por toda la China de provincias? ¿O cuántos perros se *crían* en el mundo frente a los que se sacrifican en las perreras?

Si consigo captar tu atención por unas horas, todo lo que vas a leer no trata sobre convencerte de lo equivocados que estamos todos (incluso yo), sino de *saber* sobre qué estamos tan equivocados. ¿Sobre nuestras formas de consumo?, ¿nuestro modo de vida?, ¿nuestro modo de relacionarnos con los demás? ¿O acaso no estamos equivocados?, ¿todo está bien?

Mejor o peor, ya sabes cómo hemos llegado hasta aquí (Neolítico, grandes civilizaciones, Edad Media, aparición de la burguesía, revolución industrial…), ahora es momento de echar un vistazo general a la actualidad. ¿Qué opinas tú? Sé que todo esto parece muy velado, y que las primeras frases de muchos textos sobre animalismo, ecologismo o medio ambiente (entre los que no me atrevería a incluir este) se han reiterado lo suficiente como para restarles toda la fuerza que alguna vez pudieron tener; pero hay una realidad detrás.

Cuando ves un perro abandonado en la calle, una bandeja de carne de ternera en el supermercado o un tetrabrik de leche pasteurizada en la nevera es el final de la cadena, no el inicio. Ese proceso es lo que a mí me interesa, y me gustaría que también haya llamado tu atención, porque quiero hablarte de ética y de moral. De esa ética y de esa moral que hay en las cadenas de producción y que nosotros, consciente o inconscientemente, decidimos omitir.

Una realidad que nos ocultamos a nosotros mismos es un poco menos real, ¿no es cierto? Es una realidad, sí, pero más inofensiva, igual a lo que ocurre con el vagabundo que, antes, ha sido desahuciado de su casa y se lamenta de las miradas de indiferencia del resto hasta que otro cae en desgracia y se convierte, de algún modo, en su prójimo.

Lo mismo ocurre con los animales (de cualquier especie, incluso de la humana) por todo el mundo. ¿Cómo se produce la leche en las granjas de vacas lecheras?, ¿son los terneros separados al nacer de la madre?, ¿se despluma o se despelleja al animal antes o después de matarlo?, ¿cómo se prepara el *foie gras*?, ¿cómo se *sacrifica* a un cerdo o un caballo para aprovechar su carne?, ¿por qué lo llamamos «sacrificio» y a qué divinidad lo ofrecemos?

Si te atreves a mirar un poco más allá, todas esas preguntas, y muchas otras, tienen una respuesta: lo que ocurre es que son parte de *otra* realidad; una realidad ajena a nuestra vida diaria, una realidad que, poco a poco, ha hecho que dejemos de preguntarnos de dónde sale toda la carne que provee a todos y cada uno de los supermercados de una ciudad como Barcelona o Madrid, o París, o Washington D.C. Y esa realidad no es la que el *marketing* nos intenta vender en los envases tampoco —granjas, temporadas de matanza, trabajo de campo, etc.—, sino industrialización, pésimas condiciones de vida para los animales, insalubridad, manipulación, procesos de hormonado y mucho más.

Eres un esclavo, pero no un esclavo del sistema: eso, hoy, ahora, lo somos todos, eres (somos) un esclavo de tu propia mentira; de esa mentira que te has querido tragar por conveniencia y por comodidad, y que de vez en cuando percibes como un leve hormigueo en tu conciencia. Basta, ¿de acuerdo? Los animales no viven bien en las granjas, ni en los ranchos, ni en las fincas; los animales son maltratados, y se experimenta con ellos constantemente al servicio de un mejor rendimiento económico.

Y ahí están los vegetarianos diciéndote lo malo que es comer carne, y los veganos afirmando que no es ético hacer sufrir animales. Yo no vengo a decirte eso, en serio. Solo quiero que sepas que estás comiendo sufrimiento. Te estás comiendo la carne de animales que sufren, que mueren de terror, que viven en condiciones pésimas y son torturados. Y somos lo que comemos, ¿recuerdas?

También puedes pensar que el proceso tiene un propósito al final de la cadena, pero gran parte de la carne y el pescado que se procesa acaba en la basura (Salvat, 2015), y aún ahí no se permite que los más pobres de entre nosotros se nutran de ello siquiera. Y no hablo de los pobres de África, sino de los que esperan en el contenedor de la esquina; porque no se trata de vida saludable, o supervivencia, sino de rendimientos económicos. Todo trata sobre rendimientos económicos, y no se consigue ningún beneficio dejando que los pobres se coman la comida caducada o a punto de caducar.

Exportamos por dos razones: lo hacemos al servicio del mercado y para beneficio personal. Así, transportamos alimentos exóticos a otros mercados donde la clase media los demanda, pero sobre todo movemos enormes cantidades de carne, fruta, pescado y hortalizas a miles de kilómetros e importamos de igual forma para conseguir un mayor rendimiento económico. Simple y llanamente.

No lo hacemos tan siquiera mirando por nuestro propio beneficio, ¿sabes? Solo debe cuadrar la cuenta corriente. E importamos lo mínimo, ¿te has fijado? ¡Importamos lo mínimo porque es un gasto! ¿Y qué es lo único que todos compramos en grandes cantidades? ¿Y de dónde? ¿No es de Europa, verdad? Es petróleo de Arabia Saudí, Estados Unidos, Rusia, Venezuela, Irán, los Emiratos Árabes Unidos… Importamos porque no tenemos más remedio, o lo hacemos por interés comercial (colaboradores de Wikipedia, 2015).

Imagina esta cadena a todos los niveles, y vuélvete loco. Por eso intentas (intentamos) no pensar en ello. Sin embargo, reflexiona sobre lo que harán con una vaca o con un ternero por dinero si se mueven manzanas de la costa Este de Estados Unidos a Rusia por unos cuantos dólares por tonelada.

Hoy, esta cadena supone un grave riesgo para la seguridad alimentaria de muchos países subdesarrollados y en vías de desarrollo que, como veremos más adelante, engloba varios niveles. Según organizaciones no gubernamentales, el principal obstáculo no atiende a la subsistencia de grupos de población sin herramientas o conocimientos, sino en robarles esa libertad poniéndolos al servicio de un mercado global y ante unas condiciones de trabajo abusivas (Oxfam Intermón, 2015). Esto, que resulta difícil de observar desde miles de kilómetros de distancia, también empieza a afectar a los países desarrollados, donde la deslocalización de la industria y el sector primario hacen que empobrecerse sea sinónimo de mantenerse, como mucho, en los límites de un sistema de libre comercio que una vez contó con ciertas condiciones de confort bajo el nombre de «estado del bienestar».

¿Y lo peor de todo sabes qué es? Esta idea, que parece *tan* moderna, podemos rastrearla hasta la Irlanda de mediados del siglo XIX, donde Jane Wilde, madre del escritor, poeta y dramaturgo Oscar Wilde, compartía en 1847 un grito colectivo titulado *El año de la hambruna.*

Aquí un fragmento traducido (Rice, 2003):

> Hombres cansados, ¿qué recogéis? «El maíz de oro para el extranjero».
>
> ¿Y qué sembráis? «Cadáveres humanos que esperan al Vengador».
>
> Formas desvanecidas, golpeadas por el hambre, ¿qué veis en el horizonte? «Barcos majestuosos para llevarse nuestra comida mientras se burla el extranjero».
>
> Hay un despliegue de orgullosos soldados, ¿qué cosa guardan alrededor de tu puerta? «Cuidan los graneros de los amos de las manos delgadas de los pobres».
>
> Madres pálidas, ¿por qué lloráis? «Quisiera Dios que fuésemos muertas. ¡Nuestros hijos se desmayan ante nosotros, y no podemos darles pan!».

## LOS ANIMALES MATAN ANIMALES, ASÍ ES LA VIDA

Me encanta discutir, ¿sabes? Soy una de esas personas con las que te cansas de hablar y le tienes que gritar: «¡Deja ese tema de una maldita vez!». Si esto fuese una conversación, quizá ya lo hubieses hecho. Lo sé, y lo disfruto. Pero no me gusta hablar con gente que emite juicios universales de las cosas. Y no me importa que pertenezca a PETA, siga una dieta paleolítica (paleodieta) o se llame Gary Yourosky. El problema, por llamarlo de algún modo, es que no me gusta debatir por imposición, así como no me gusta imponer mis ideas a los demás.

Personalmente, podría considerar que la filosofía es mucho más importante que la economía o el derecho para un político, pero si impusiese (tuviese o no la posibilidad) que todos los políticos estudiasen Filosofía como carrera o *cursus honorum*, como exigía la República y el Imperio Romano, no creo que pudiese convencer a nadie de la importancia de conservar un modelo ético en el gobierno.

Por eso, cuando alguien me dice que somos 100% vegetarianos y no me ofrece pruebas sobre ello, tiendo a dudar de su palabra. Y dudo en la misma medida en la que lo hago frente al sentido de la frase siguiente: «Los animales comen animales, así es la vida». El porqué es terriblemente sencillo, une las tres cosas que menos me gustan: pasividad, desinformación y falta de interés.

Que los animales (carnívoros u omnívoros) matan o pueden matar a otros animales es verdad; ellos no distinguen el bien y el mal, ni tienen un modelo ético. Tienen instintos. Hay animales predadores y hay animales que no lo son; y los segundos suelen tener herramientas contra los primeros, por cierto. La relación entre el león y la cebra está pulida por muchos siglos de convivencia en el entorno, y no deberíamos infravalorarla con juicios simples.

Pese a que desconozco el porcentaje (no creo que sea relevante), los macacos o las cebras no mueren cada vez que un león o una pantera les echa el ojo. Se habrían extinguido las cuatro especies; dos por muerte directa y las otras dos por no tener de qué alimentarse. Del mismo modo, decir que los seres humanos no tienen instintos de depredación es absurdo; hasta el 10000-8000 a. C. nuestros ancestros se pasaron la vida cazando todo aquello que pudieron echarse a la boca, pero afirmar que eso está bien porque lleva sucediendo mucho tiempo es igual de incoherente.

Afirmar que tenemos caninos para comer manzanas o que un niño es vegano porque jugará con una conejito y morderá una manzana tampoco tiene sentido[6]. Un cachorro de león es un predador en potencia, pero no matará a un antílope para comer. Lo mismo ocurre en la evolución de la dentición humana: la dentadura del *Homo sapiens* también ha sufrido una serie de procesos de adaptación en el tiempo, y si bien los caninos nos permiten comer manzanas, también son una herramienta perfecta para trocear la carne de otras especies (Mateos y Rodríguez, 2015), e incluso su carne cruda (si bien hoy día no es muy recomendable por tener todas las papeletas de contagiarte de triquinosis o toxoplasmosis).

Afirmar lo contrario u ofrecer argumentos simplistas sobre esta cuestión acercaría las posturas vegetarianas o veganas hacia esa fundamentación simple que deberían rehuir. Es indiscutible que comer carne, históricamente, nos ha permitido vivir o sobrevivir y, no obstante, tener la capacidad no lo hace bueno por sí mismo y, quizá, tampoco necesario.

Matar para vivir no es extrapolable a torturar a otras especies para vivir o cazar por diversión. La cadena trófica es algo muy complejo para considerar que estamos en el escalafón superior en todo momento (y, según la ciencia, no lo estamos); sí, somos omnívoros, pero también somos autoconscientes de nuestra existencia y de nuestros actos, y por eso mismo tenemos el deber de estar —de algún modo— fuera de esa cadena en la medida de lo posible.

La tecnología nos permite alterar el orden natural de las cosas, siendo nuestro deber mantener un equilibrio, algo que jamás hemos hecho y que consideramos, como especie, que se autolegitima: lo hemos hecho tanto tiempo que creemos que está bien.

---

6 Hago referencia a un famoso discurso del activista Gary Yourofsky que ofreció en el Instituto Tecnológico de Georgia en 2010. Para más información: Yourofsky (2011).

El hecho de que el león mate a la cebra no da derecho al ser humano a matar a la cebra sin necesidad (cuándo se establece la necesidad es un tema del que no opinaré todavía). En un ejemplo bastante fuerte que Gary Yourofsky expone reiteradamente en sus conferencias, nosotros criminalizamos el hecho de asfixiar a un recién nacido con síndrome de Down, pero algunas especies matan a sus cachorros si creen que no van a poder sobrevivir (e incluso sin razón aparente).

«¿Por qué nos quedamos con aquello que nos interesa de los predadores y desechamos otras de sus características?», dice el activista en muchas de sus intervenciones[7]. Para mí, la respuesta lógica a esa pregunta es: *porque somos humanos*, no somos leones, ni cebras, y esa ha sido la forma natural mediante la que hemos evolucionado a lo largo de miles de años. Sin embargo, en Occidente, las personas mentalmente sanas tampoco matan y comen perro, pero sí cerdo o vaca. ¿Creemos seriamente que un perro siente o vive de un modo muy distinto a un cerdo, a un caballo o a una vaca?

Personalmente, no tenía ni idea. Nadie se molestó en explicármelo nunca, y como a cualquier otro no se me ocurrió informarme sobre ello. No porque se me vendiese como algo lógico, sino porque en realidad sabía la respuesta. Las diferencias entre un perro y un cerdo son escasas, simplemente la industria que hay detrás suministrando carne elige la de cerdo por las posibilidades

---

7 Este es un tema complejo. Para ejemplificarlo, es ilustrativo que, si bien el mosquito se alimenta de la sangre de los seres humanos, esto no lo convierte por sí mismo en predador. Del mismo modo, si bien el ser humano estaría en un mismo nivel trófico que la anchoa, esto no hace que no tengamos mucha más libertad de pensamiento y de acción. Así, el ser humano es el único animal que puede abandonar los límites que la cadena alimentaria le impone hasta cierto punto. No obstante, es muy representativo que, según los baremos que sigue la cadena trófica, el tercer compañero de la anchoa y el ser humano sea el cerdo, lo que demuestra que poco significa esto, ¿verdad? Para más información, de carácter general, sobre este tema, consultar: Martínez (2013).

de aprovechar todo el cuerpo del animal (igual que la vaca o el conejo), algo que no ocurre con el perro o el gato. Solo debemos sumarle nuestra relación cultural con estos últimos para encontrar el principal motivo por el que no nos comemos a un pastor alemán, pero sí a una oveja.

Ahora, volvamos sobre nuestros pasos por un instante; hacia esos tres puntos que sustentan el modelo de consumo actual, pero, sobre todo, que engloban los cuatro puntos fundamentales a través de los que plantear un cambio a nivel individual, y también colectivo.

### 1. Tradición y pasividad

El hecho de haber nacido en un mundo cuya alimentación se ha estructurado así desde hace siglos (recuerda, antes los pobres como nosotros no comíamos carne, o casi nunca lo hacíamos; de ahí fiestas como Acción de Gracias en Estados Unidos o las *comilonas* de Navidad que ya nadie disfruta); la tradición es uno de los pesos pesados de esta historia.

Junto a la tradición, se nos ha vendido que no podemos hacer nada al respecto. Ese es el discurso que todo el mundo tiene interiorizado: no se puede hacer nada. Creer que no podemos hacer nada para cambiarlo lleva a la pasividad; a todos los niveles de nuestra vida, además. Esto no se queda en comer o no comer carne, sino en permitir desahucios de nuestros vecinos, rescates bancarios, explotación tercermundista…

### 2. Desinformación

Pero la pasividad o la falta de acción no es el supuesto más grave en todos estos temas, en realidad se trata de las posibilidades de desinformación con las que cuentan las grandes empresas.

En un mundo global, donde las multinacionales mueven grandes capitales (sueldos, trabajadores, publicidad, intereses públicos y privados…), las posibilidades de hacer realidad aquel viejo dicho de que «una mentira repetida muchas veces se convierte en realidad» son mucho mayores[8], ¿no crees?

Sobre esto, quizá quieras saber en qué se basa el *marketing* de alimentos. La producción industrial tal y como la conocemos surge por necesidad tras la Segunda Guerra Mundial; entonces, se toma la decisión de alimentar a la población a través de la agricultura industrial, pese a que hoy sabemos que puedes sostener a veinte personas con una dieta vegetariana por cada persona que alimentas con una dieta omnívora (colaboradores de Gastronomía&Cia, 2015).

El grupo CIFW (Compassion in World Farming) lanzó en mayo de 2014 un vídeo que deberías ver para entender el verdadero alcance de todo esto (eTalks, 2014). Si no tienes ganas, te lo resumiré. Una publicista habla de las tres bases que hacen que la producción industrial de carne funcione: 1) todo el mundo se cree lo que le dicen (*everybody believes the label*); 2) enfocarse en que se trata de progreso, funciona; y 3) todos queremos creer los dos puntos anteriores cuando estamos comprando en el supermercado. Termina su ponencia con una frase muy amarga y muy certera: «No se debe subestimar el poder de la ignorancia voluntaria».

La desinformación solo funciona porque estamos dispuestos a creer en ella. Es más cómodo aceptar aquello que se nos dice; somos demasiado pasivos como para hacer algo al respecto.

---

8 Uno de los ejemplos más claros es el del Tratado de Libre Comercio, también conocido como Asociación Transatlántica para el Comercio y la Inversión (TTIP, en inglés) por el que, de aprobarse, el poder político de muchos países quedaría supeditado a los mercados financieros. La prensa ha tratado este tema en reiteradas ocasiones, por ejemplo, López (2014).

Hoy, esto es así en todos y cada uno de los niveles de los que se componen nuestras vidas.

Después de la caída del Tercer Reich, el mundo entero rescató, intencionadamente, las instalaciones que los alemanes utilizaban para eliminar, sistemáticamente, a los judíos y otras minorías, y las aplicó al resto de especies animales del planeta. Día tras día, todos seguimos mirando hacia otro lado. Es curioso, ¿no?

## 3. Falta de interés

Asúmelo. Te da igual. Jamás en la historia de la humanidad hemos mantenido tan lejos de nuestras manos el alimento que vamos a consumir. Sí, es cómodo; ¿pero qué sabes tú de todos esos trozos de cuerpos? No es una cuestión sencilla, pero lo que nos hace más o menos humanos no creo que sea matar a un animal para sobrevivir (si realmente lo necesitamos), sino cómo lo hacemos.

Pero lo sé, tú no tienes interés en saber si la granja de la que proviene la carne ha hormonado a una ternera (una vaca de menos de seis meses), la ha maltratado o ha sufrido o ha vivido en condiciones deplorables. Por eso si escribes «ternera» en Google no aparece una cría de vaca, sino un trozo de carne.

Si llega a interesarte, quizá podrías buscar información sobre mecanismos que te permitan comer carne o pescado de forma responsable; no comer carne criada de una forma natural como si fuese un lujo, sino exigiéndolo como una necesidad; o directamente no comer carne, quién sabe. Todo ello es posible, y para forzar esto puedes atacar incluso donde más duele: a la oferta y la demanda, pero en grupo.

Sigamos.

## ZOMBIS MUERTOS DE HAMBRE

Un 10% de la población mundial muere de hambre. No es una cifra exacta ni real, pero sí muy aproximada. Alrededor de 800 millones de personas están en riesgo de muerte por falta de alimento, y un porcentaje notablemente superior de la población está desnutrido. Esto tampoco tiene interés; forma parte de esa *otra realidad* de la que hablaba páginas atrás.

Nadie quiere saber sobre esos niños hinchados por el hambre, que mueren, que no tienen nada que echarse a la boca, que son fotografiados por un premio Pulitzer mientras un buitre les acecha expectante; niños que llevan al suicidio.

Nadie quiere saber nada porque lo veo también aquí mismo, a pocos metros, en cualquier esquina de una ciudad como Barcelona, donde al pobre se le mira con incomprensión y falta de humanidad. Ni bien, ni mal. Se le mira como si fuese algo que no podemos comprender en nuestra situación. Como si empatizar con ese hombre, mujer o niño que pide, o incluso con su situación, fuera imposible.

Lo veo. Lo veo cuando alguien da un par de euros con la intención de que esa persona frente a él desaparezca. Lo he visto incluso en mis propios ojos, y quizá hay pocas cosas de las que más me puedo avergonzar.

Son zombis. Solo zombis. Han perdido su identidad, si alguna vez la tuvieron, y parte de la culpa reside en nosotros. En todos. Porque no es cuestión de perpetuar el sistema mediante la inacción, eso nos hace cómplices de distinto grado, sino en cambiarlo. Y hay muchas formas de movilizarse; lo que ocurre es que preferimos quedarnos quietos, y ahorrar energías.

## EN LA CUERDA FLOJA

Y quizá necesitemos esa energía. Nosotros, aquellos que pueden sentirse identificados con algún fragmento de este texto, somos los que nos tambaleamos aquí. Las gradas cada vez están más vacías, y a nuestros pies nos esperan más y más. Pero si te caes, no te van a poder sostener, ni aliviar tu caída; ellos ya no tienen fuerzas.

Echamos la mirada hacia fuera, pero cada vez hay más gente pidiendo en las calles. Cada vez hay más personas a las que se les ha robado (casi) todo; y no están en África ni en Latinoamérica, sino a pocos metros de nuestras casas. Eso es lo que hace el capitalismo actual, un sistema económico bueno en la medida en que no se nos ha ocurrido otro mejor. No obstante, no nos está haciendo ricos, precisamente. Los que eran ricos, son hoy más ricos que ayer, y los que no lo eran, son un poco más pobres. Estamos en un momento de transición y cambio (Hanauer, 2014), y que no te engañen, toca posicionarse.

En Estados Unidos, los multimillonarios quieren pagar muchos más impuestos (Europa Press, 2012), quieren aportar, y aportar, y aportar para el sostenimiento del sistema. ¿Sabes por qué? Porque las diferencias en el primer mundo también salen a escena. Y el padre de familia de Missouri, el exmilitar de Santander y la pareja de Copenhague que vayan a la ruina, quizá mendiguen para sobrevivir. Pero quizá, y solo quizá, alguien vuelque toda su frustración contra el cuello de un millonario, ¿y quién les protegerá del cuchillo? ¿Su dinero?

Bueno, no hace falta ponernos tan derrotistas, ¿no es cierto? Hay mucho sufrimiento en el mundo, pero nosotros solo podemos ir un paso tras otro. Para empezar, quizá el primer error sea intentar culpabilizar a un sistema (capitalismo) y no a la avaricia y la falta de conciencia ética de sus usuarios. ¿Tú qué crees?

Quizá sea cuestión de admitir que nuestro comportamiento a todos los niveles es aquello que necesita una reevaluación, y ponernos manos a la obra.

Y es que ya te lo dije al inicio, somos esclavos de un sistema que hemos creado entre todos; y sabemos lo que implica mantenernos pasivos frente a él. Primero, un empeoramiento paulatino que no siempre quiere verse desde arriba; segundo, un incremento del poder del sistema frente al individuo gracias a la inercia de esos primeros empujones, y, por último, una autolegitimación constante: cada vez que se repite, es más probable que nada ocurra. Cada vez que nos negamos a manifestarnos, que desalojan a alguien de su hogar, que comemos ternera lechal de cinco semanas… Cada vez que ocurre, asienta las bases para que vuelva a ocurrir.

Sin embargo, es un mecanismo que funciona de forma bidireccional, es decir, que también puede funcionar a la inversa, y que podemos voltear a favor del cambio.

## EL CICLO DE LA CARNE, LA ROPA Y EL LUJO

Es momento de un último aviso, creo que lo mereces. Todavía puedes cerrar este libro y volver a otras cosas. Puedes intentar obviar lo que hemos empezado a plantear aquí y ahora. O puedes coger aire, aspirar, espirar, y empezar a evaluar lo que sucede a nuestro alrededor.

No vivimos de un modo natural, y creo que lo sabes. A partir de aquí deja de ser bonito, ¿de acuerdo? Sí, ya sé que todos y cada uno de los párrafos que preceden a este no han sido precisamente fáciles, pero quizá prefieras dejarlo aquí, seguir como hasta ahora, evitar poner cara y nombre a muchos de los fragmentos de realidad que se presentan a continuación, y no sentir que durante un tiempo la impotencia te asedia hasta que no puedes hacer más que buscar un cambio por todos los medios.

Nada es para siempre. Es un ciclo. Un ciclo de carne, ropa y lujo, y como todos los ciclos empieza y termina.

# 3 EL CONSUMO DE CARNE EN EL MUNDO

*No hay nada más poderoso que una idea cuando su tiempo ha llegado.*
Víctor Hugo (1802-1885)

*Nuestros nietos algún día nos preguntarán: «¿Dónde estabas durante el Holocausto de los animales? ¿Qué hiciste en contra de estos crímenes horribles?». No podremos dar la misma excusa por segunda vez, que no sabíamos.*
Helmut F. Kaplan (1952)

El 20 de marzo de 2012, Philip Wollen, expresidente de Citibank, lanzaba con la voz queda un grito por el derecho de todos los animales (Kindness Trust, 2012). Minutos antes de que el Saint James Ethics Centre (Melbourne, Australia) estallase en un aplauso generalizado, el filántropo difundió una de las máximas más célebres de William Shakespeare al público. «¿Cómo ve usted el mundo?», dijo, repitiendo la pregunta que el rey Lear formulaba al conde de Gloucester. Este contestó: «Lo siento». No como una disculpa (*I see it feelingly,* en el original), sino como una forma de vivir más cercana y real con la naturaleza.

En el centro del encarnizado debate, Wollen ofrecía datos objetivos sobre lo que supone el consumo de carne a nivel global: las emisiones de $CO_2$, metano y otros gases contaminantes producidos por la industria cárnica son la primera causa de contaminación atmosférica, el 90% de los peces pequeños son molidos para alimentar a la ganadería, convirtiendo a las vacas en el mayor depredador marino de la Tierra, y necesitaríamos dos planetas para alimentar al mundo entero con una dieta basada en el consumo de carne.

Estos enunciados, entre otros, son los que hacían al ponente afirmar que estamos ante un problema de origen financiero que, a medio plazo, provocará problemas ambientales (contaminación) y agotará las reservas de agua potable del planeta.

Se necesitan 50 000 litros de agua para producir un kilo de carne de res. Por ello, al margen de premisas que se relacionen con nuestra salud o con la crueldad animal, documentales como *Earthlings* (Monson, 2003) entrevén otra gran guerra, donde no se peleará por el control de la economía o del petróleo, sino por el agua. Los países industrializados no sufrirán desnutrición o falta de alimentos; por el contrario, amparados en estos testimonios parece plausible afirmar que pueden colapsar por el agua.

Philip Wollen sentía en el cáncer que hacía gritar de dolor a su padre un desconsuelo similar al que se podía percibir en una ballena moribunda que, con un arpón perforando su cráneo, buscaba a su cría entre bramidos; o el miedo de un cerdo o una ternera mientras recorría sus últimos pasos en el matadero.

Su testimonio no desea erradicar la guerra contra otras especies animales, como él la designa, sino promover una justicia real con el resto de organismos vivos de nuestros ecosistemas. Una idea que choca frontalmente con el humanismo previo al siglo XXI, que solo tenía presente cómo los seres humanos nos tratamos los unos a los otros, pero había arrebatado esa equidad a otras especies (Free From Harm Staff Writers, 2012).

Por último, ten presente también (colaboradores de Oxfam Intermón, 2015, p. 23):

> El ganado produce algunos de los gases de efecto invernadero más peligrosos —el metano y el óxido nitroso— a través del sistema digestivo (en el caso de los rumiantes, como las vacas) y del estiércol. Ambos gases son mucho más potentes que el dióxido de carbono, del que tanto se habla. En total, el ganado es responsable del 18% del total mundial de emisiones de gases de efecto invernadero. La cría de ganado también emplea una enorme cantidad de agua: aproximadamente un 8% del uso mundial de agua que realizan los seres humanos se destina a cultivar alimentos solo para las reses.

Y también (colaboradores de Oxfam Intermón, 2015, p. 25):

> Si los hogares urbanos de Estados Unidos, Reino Unido, España y Brasil comieran una comida sin carne una vez a la semana, cambiando la carne de vacuno por alubias o lentejas, se criarían cada año cerca de nueve millones y medio menos de vacas. Eso significaría que se dejarían de producir más de 900 000 toneladas de metano al año, lo que tendría el mismo impacto en el medio ambiente que si se quitaran 3,7 millones de coches de las calles durante un año.

## **CRIANDO MUERTES**

El sistema funciona de un modo muy simple: criamos animales para comer animales. La domesticación, a excepción de razas caninas en un elevado número de culturas y etnias, ha tenido en todo momento un componente utilitarista para los seres humanos; la cría y selección de animales de otras especies permite ciertas modificaciones (fisiológicas, psicológicas o morfológicas y, a menudo, de todas ellas) con un determinado fin que, en la mayoría de los casos, es el consumo de los productos derivados del animal.

Sin embargo, el consumo tal y como lo conocemos empieza tras la Segunda Guerra Mundial, momento en el que podríamos establecer un cambio global en los países desarrollados (Patterson, 2002). Esta división es, notablemente, discutible, puesto que la agricultura ya recibe mejoras considerables a partir del siglo xvi, pero la mayoría de las mismas se aplican al cultivo y no a la cría, engorde y sacrificio de animales para consumo.

Estas mejoras suelen considerarse, en contraste, menores, y las innovaciones que realmente suponen un cambio a nivel agrícola son los fertilizantes, los reguladores de crecimiento, los pesticidas y la integración de maquinaria mecanizada. Esta última, aplicada con la ganadería, es la que permite hace más de medio siglo lo que se conoce como *intense farming* o agricultura intensiva. Las prácticas intensivas tienen una premisa básica: aprovechar el máximo de espacio para producir una mayor concentración del producto. Esto tiene un límite a todos los niveles, pero el impacto a nivel agrícola es mínimo en contraposición con el trato y las necesidades de infraestructura y espacio de los animales destinados para el consumo humano.

Ante todo, no pretendo crear conciencia de la necesidad de abandonar el consumo de alimentos, sino que me propongo únicamente que me acompañes a lo largo de un análisis de lo que sucede en estos emplazamientos y en cómo afecta al producto final. Quizá descubres que no todo es genial, pero que sigues queriendo comer carne, y pescado, y marisco; como decía al inicio, la cuestión no es imponer una idea, es *saber*, conocer lo que se mueve a nuestro alrededor y en nuestros estómagos.

## CASAS DE MATANZA

No es algo fácil. Lo primero que quiero decirte es que matar a un animal no es fácil. Sí, hay personas más aprensivas que otras, pero cuando tienes que partir el cuello a una gallina o a un conejo, o te ves frente a un cerdo o una ternera, no es fácil. Primero, tienes que decidir su muerte; y después, tienes que llevarla a cabo. Y por mucho que quieras creer lo contrario (que pienses que es tu trabajo, que no tienes opción, que es algo natural…), ellos quieren vivir. Como todos.

Matar a un animal no es fácil, no es silencioso y no es limpio. No es ninguna de esas tres cosas, y no es algo que alguien pueda automatizar sin hacerlo antes cientos y miles de veces. Sin embargo, lleva haciéndose milenios. ¿Por qué resulta imperativo cambiar el sistema? Quédate con esa pregunta en la cabeza, porque si piensas que no es así, no lo has pensado lo suficiente. Y no, no estoy vendiéndote una idea sobre no matar animales, si es eso en lo que estás pensando[9].

## ORIGEN Y DESTINO: DE LA GRANJA A LA MESA

Los animales para el consumo se *crean*, principalmente, en tres espacios: granjas industriales, semiindustriales o ecológicas. El trato, el espacio y la forma de vida de los animales difiere sustancialmente entre unas y otras; las primeras podrían considerarse

---

9 La mayoría de los datos que se extraen total o parcialmente para este capítulo han sido recopilados anteriormente por Igualdad Animal, así como por voluntarios y asociaciones que colaboran con el grupo animalista, como Equanimal y Anima Naturalis. Para más información: colaboradores de Igualdad Animal (2015).

simples granjas de engorde, donde los animales están encerrados sin espacio, y aquellos de tamaño medio o grande (cerdos, vacas, etc.) no pueden ni tan siquiera darse la vuelta; en los espacios semiindustriales la diferenciación es muy velada, pudiendo tratarse de zonas con espacios mucho mayores para el ganado, o bien tan limitados como los anteriores. Las ecológicas, por el contrario, mantienen una filosofía tradicional de la cría de ganado ovino, caprino y bovino, así como del avícola, y ofrecen un espacio más natural para el animal (García, 2012).

No obstante, al final, no hay ningún tipo de diferenciación, y todos los animales son llevados al matadero por igual: si bien su tiempo de vida ha sido sustancialmente diferente, su muerte será la misma. Técnicamente, existe la posibilidad de sacrificar a un animal para consumo en tu hogar o en tu granja tras los análisis adecuados, sin embargo, a gran escala esto no tiene ninguna lógica financiera (MAGRAMA, 2015). Esta decisión, que puede parecer extrema, es inexistente, y el principal baremo que se sigue antes de sacrificar a un animal es la contraposición entre su precio en el mercado como animal vivo frente a su precio muerto para consumo.

Por su porcentaje, a partir de aquí hablaré de granjas industriales, puesto que pese a que la lógica y la ética me dice que debería ser un porcentaje minoritario o inexistente del total, son la inmensa mayoría. La inmensa mayoría no es un 50%, un 60% o un 80%. En Estados Unidos, las granjas industriales representan un porcentaje mayor al 99% de todos los animales criados y sacrificados para el consumo.

Farm Forward (2015), iniciativa animalista en Norteamérica, afirmó lo siguiente mediante el cálculo basado en los datos del censo agrícola de 2002 suministrados por el Departamento de Agricultura: En la actualidad, la agricultura industrial representa más del 99% de todos los animales de granja criados y sacrificados en Estados Unidos. (Prácticamente todo el marisco que llega hasta nosotros lo hace a través de la pesca industrial y las piscifactorías).

En ellas se crían principalmente vacas, cerdos y pollos y, en menor medida, ovejas, cabras, patos y gansos. Y ahora te adelanto que si ves alguna crítica a continuación, no será sobre la muerte de animales para su consumo, sino sobre el proceso y la infraestructura que lo permite. ¿Trato hecho?

Según los datos que he podido contrastar, suministrados por la FAO y recopilados por Igualdad Animal, en España viven en granjas más de 600 millones de aves (47 millones de ponedoras, 4 millones destinadas a la cría y 560 millones de pollos), más de 25 millones de cerdos y, aproximadamente, 6 millones de bovinos. A grandes rasgos, todos viven hacinados y no en libertad relativa, y la gran mayoría son los que permiten la producción a gran escala a la que estamos acostumbrados.

## **GALLINAS SIN GALLO**

En estas granjas, una gallina tiene la superficie de un DIN-A4 a compartir con tres o cuatro aves más; en esa misma extensión, en el suelo, donde están los pollos, hay alrededor de una veintena. Las gallinas son territoriales y jerárquicas, y en ese espacio no pueden ni sociabilizar ni establecer una posición en el grupo, por lo que se revientan unas a otras a picotazos.

Para evitarlo, en España se les corta el pico como estipula el Real Decreto 3/2002: «Para evitar el picado de las plumas y el canibalismo, se podrá recortar el pico de las aves siempre y cuando dicha operación sea practicada por personal cualificado y solo sobre los polluelos de menos de diez días destinados a la puesta de huevos». Sí, eso está legislado (Ministerio de Agricultura, Pesca y Alimentación, 2002). Y debe doler.

Sin espacio y con una filosofía centrada en la producción a gran escala, los pollos son engordados para consumo humano (*staff* de Igualdad Animal, 2009) y, en el caso de los machos, a menudo triturados vivos (*staff* de Mercy for Animals, 2015), mientras que a las gallinas se les cambia el ciclo de sueño a la fuerza (con luz artificial) para producir un máximo *aproximado* de dos tercios de la jornada.

Tras los primeros días de adaptación, el régimen de iluminación se establecerá de manera que se eviten problemas sanitarios y de comportamiento. Por consiguiente, este deberá seguir un ritmo de veinticuatro horas e incluir un periodo de oscuridad suficiente e ininterrumpida, por ejemplo, y con carácter indicativo, aproximadamente un tercio de la jornada, para permitir que descansen las gallinas y evitar problemas como la inmunodepresión y las anomalías oculares. Deberá respetarse un periodo de penumbra de suficiente duración cuando disminuya la luz, para permitir que las gallinas se instalen sin perturbaciones ni heridas.

Evidentemente, ir contra natura tiene efectos adversos. Por ello, el sistema inmune de muchas gallinas colapsa, y tienden a enfermar. Las aves son medicadas y tratadas para prevenir su muerte, pero todo sigue igual para ellas. Nosotros comemos esos huevos. Huevos de gallinas que viven en espacios minúsculos a un ritmo totalmente estresante.

## CERDOS SIN BARRO; CERDOS SIN VIDA

Las cifras anteriores (25 millones de cerdos) se dividen entre un 40% de cerdos en proceso de engorde, un 10% de cerdas destinadas a la reproducción y un 50% de crías. El gran porcentaje de cerdos jóvenes atiende a unas necesidades de consumo de primer nivel: casi el 40% de la carne que se consume a nivel europeo proviene del cerdo; por ello, cada año mueren 40 millones de cerdos en España y 240 millones en toda la Unión Europea (*staff* de Igualdad Animal, 2009).

A nivel práctico, los mayores problemas con los que nos encontramos son las condiciones de insalubridad, el engorde y la demanda progresiva. Quizá lo más duro al respecto no es que los informes mientan, sino que presenten una verdad cristalina que nadie quiere conocer. La base de todo ello es la cría intensiva, donde el ciclo de nacimiento, engorde y muerte puede realizarse en esa instalación, sin que el animal conozca jamás el exterior[10].

Estos se dividen en áreas de cubrición (embarazo natural o artificial), gestación (donde las madres se mantienen inmovilizadas durante todo el proceso), maternidad (lactancia y destetado), transición y cebado. Aquí, los problemas verdaderamente graves que podemos encontrar son las enfermedades relacionadas con el hecho de contar con un gran número de animales en un espacio muy limitado y el engorde insalubre y sistemático del animal, que no es positivo para él y, muy probablemente, tampoco para quien consume su carne al final del proceso.

No obstante, son las cerdas quienes cargan con la parte verdaderamente dura del proceso, pues son inmovilizadas durante cada gestación y todo el proceso de lactancia (más de un mes) para reducir la posibilidad de aborto y potenciar el crecimiento de sus crías. Espacio reducido, falta total de estímulos

---

10 Bajo el título *Guía de mejores técnicas disponibles del sector porcino* y acompañados de imágenes, gráficos y fotografías de cerdos vivos, encontramos la mayoría de los protocolos que nos enfrentan con sus muertes. Más información en MAGRAMA (2010).

e imposibilidad de vínculos y jerarquías supone aquí, al igual que con las aves, la aparición de comportamientos cercanos o directamente definidos como canibalistas dentro del grupo, así como un gran número de estereotipias, que solo son afrontadas cuando suponen una alteración práctica en la cadena de producción.

Las fotografías, imágenes o testimonios que uno puede encontrar en la red y en otros medios escritos y audiovisuales hablan por sí mismos, sin embargo, pese a que la entrada en las granjas industriales y los mataderos no está prohibida *explícitamente*, no existen canales a través de los que acercarse (en serio, busca en Internet), o a través de los que exigir responsabilidades por mal funcionamiento o captar y compartir imágenes de los mismos (*staff* de PACMA, 2012). La estructura oficial, además, invalida cualquier prueba visual o audiovisual que no ha seguido los pasos debidamente estipulados (acceso a las instalaciones, publicación de contenidos e incluso la captura de prácticas delictivas sin el debido consentimiento, etc.).

Quizá, como Paul McCartney ha repetido hasta la saciedad, todo pueda resumirse en una idea muy simple: si existiese un acceso total a lo que ocurre en los mataderos y en las granjas industriales, todos seríamos vegetarianos (PETA, 2013).

Así, investigaciones como la que presentó el grupo Equanimal (*staff* de Equanimal, 2009) sobre las granjas españolas en Guadalajara y Valladolid pueden concienciar a la opinión pública, pero jamás utilizarse como prueba de un delito. Porque de eso estamos hablando: de actividades que deberían considerarse ilícitas o criminales, y no dentro de la estructura social y empresarial (y que el sistema político y económico omite); imágenes y situaciones de animales en tal estado que han obligado a muchos activistas a tratarse del síndrome de estrés postraumático (Joy, 2010, pp. 48-49).

¿Y a que no sabes algo curioso? Los cerdos también desarrollan ese síndrome en las granjas y en los mataderos, e incluso llegan a arrancarse las colas unos a otros, aunque esto no se permite: se les suelen cortar antes. Al igual que los seres humanos que han sufrido confinamiento en solitario y otras torturas en cautividad, los cerdos se autolesionan y repiten conductas estereotipadas durante todo el día, a veces miles de veces. Literalmente, se vuelven locos. Nosotros, miramos hacia otro lado.

## TENGO UNA VACA LECHERA

Cerca de 2 800 000 de bovinos fueron sacrificados para el consumo en el año 2004. En 2013, la cifra descendió a 2 200 000 debido al coste de mantenimiento, mientras que el número de cerdos sacrificados superaba holgadamente los 41 millones (MAGRAMA, 2012).

El ganado bovino tiene una relación extraña con los seres humanos. Su uso comercial ha alcanzado la mesa de distintos modos y también el armario, y si bien es cierto que, poco a poco, el uso del cuero (piel de vaca) se ha reducido, la gente sigue bebiendo leche y comiendo carne de toro, de vaca y de ternera. Grupos como PETA o Igualdad Animal ven en el caso de las vacas un conflicto moral enorme, puesto que si hay un animal que solo se mantiene vivo mientras produzca es la vaca lechera. Así, con un tope alrededor de los siete años, las vacas son sacrificadas por su carne cuando ya no pueden seguir utilizándose para producir leche o tener crías. De este modo, separamos las vacas entre nodrizas (para criar) y lecheras (para producir leche).

En relación con todo lo anterior hay cuatro problemas prácticos que debemos tener presentes: primero, los terneros no siempre son alimentados con la leche materna, sino con un sustituto conocido como lactoreemplazante[11], producido de derivados de la leche (primera alteración del ciclo natural). ¿Pero cómo se evita que la madre no dé de mamar a sus crías? ¿Acaso no es un instinto natural?

La separación de la vaca y su descendencia es inmediata tras el parto (segunda alteración), lo que hace que la madre busque a los terneros desesperadamente y, a menudo, llegue a enfermar debido al estado de nervios y estrés en el que acaba sumida (Bavera, 2008). Para las crías, tampoco es un camino de rosas: «El destete produce en los terneros una depresión de orden fisiológico y psicológico que los lleva a una pérdida temporal de estado y a una disminución de las defensas frente a enfermedades. Esta bajada de las defensas los hace especialmente susceptibles a la mancha y gangrena, aftosa, leptospirosis, queratoconjuntivitis, parainfluenza 3 (PI3), IBR en su forma nerviosa y respiratoria, etc.» (Bavera, 2008, p. 3).

Además, la mayoría de estos animales no vive precisamente en granjas extensivas o ecológicas, sino en granjas industriales (*staff* de Anima Naturalis, 2015), lo que también les impide pastar (tercera alteración).

Por último, es importante tener presente que todas las vacas lecheras son ordeñadas mecánicamente (cuarta alteración) y, en consecuencia, la máquina no suele tener presente cuándo la vaca no ha producido más leche; el ciclo de ordeñado continuo suele producir heridas en la ubre y, a menudo, provoca mastitis, una

---

11 Los lactoreemplazantes parten de las mismas premisas que la leche maternizada para niños que no pueden ingerir leche de su madre por una u otra razón. En este caso, los terneros no pueden alimentarse de su madre para mantener nuestro consumo de leche de vaca. Está comprobado que esto provoca diarreas, mayor mortalidad y defectos en el desarrollo en una cifra porcentualmente elevada de terneros: esto es lo que ocurre cuando los animales dejan de ser animales para ser una cifra. Para más información: Facultad de Veterinaria de la Universidad de las Palmas de Gran Canaria (2015).

enfermedad bacteriana que suele dejar restos en la leche, si bien la pasteurización elimina aquellos más importantes, pero no todos. Aquí, las empresas de pasteurización no suelen tener necesidad de mentir, aunque suele ser habitual que la información se ofrezca sesgada.

Veamos un ejemplo de una empresa de pasteurización cualquiera; he escogido Holm & Laue (Staff de Holm & Laue, 2015), cuya sede central al norte de Alemania opera desde 1994. En su página web puede leerse la información siguiente sobre los procesos de pasteurizado: «Después de este periodo, el 99,5% de todos los gérmenes importantes ha sido eliminado, mientras que se conservan las sustancias nutritivas importantes de la leche».

Sería interesante conocer qué gérmenes considera importantes la empresa frente a aquellos otros que considera no importantes de eliminar, ¿verdad? Quizá es una nimiedad, por supuesto; pero quizá no. Te invito a que leas un poco sobre leche cruda (sin pasteurizar) y sobre todos los riesgos asociados que tiene según los Centros para el Control y la Prevención de Enfermedades (*staff* del CDC, 2011); te invito a que te preguntes qué porcentaje de esos riesgos no forman parte de los procesos de producción, y, por último, te pido que te informes sobre si *realmente* la pasteurización libra el producto de un gran número de bacterias (pus, estiércol, suciedad…), o no es más que otra simplificación que estudios de la Universidad de Harvard (Ireland, 2006) asocian al cáncer, la osteoporosis y la destrucción de otros beneficios con los que sí contaba antes del proceso (vitaminas B y C, por ejemplo).

Quizá sobre el consumo de carne y leche de vaca debamos tener presente un par de apreciaciones más: por un lado, se consume carne de animales que no han sido amamantados, sino criados a través de sustitutos; incluso las terneras lechales (crías de una edad máxima de seis meses antes del sacrificio) no son amamantadas de modo natural más allá del mes y medio o los dos meses; por otro lado, todos los mamíferos consumen leche de su propia madre durante un tiempo que permita la creación y adecuación del sistema inmune.

El *Homo sapiens*, por ejemplo, mantiene un periodo de lactancia de alrededor de los dos años en la actualidad, pero anteriormente se habían establecido políticas de lactancia grupal que se extendían incluso hasta los cinco años (Bermúdez de Castro, 2014). Como suele decirse, la naturaleza es sabia, y el consumo de leche de otros animales, como la vaca, solo tiene dos respuestas probadas: hábito y conveniencia. Sin embargo, en la actualidad no se han establecido beneficios con respecto a su uso.

Más adelante me gustaría recuperar este tema, pues considero que analizar las ventajas y los inconvenientes que el consumo de productos de origen animal tiene es algo indispensable si queremos formarnos una opinión real. Por el momento, situemos el foco encima de nosotros por unos instantes, ¿te parece? Coge distancia.

## EL RAPTO DEL CÓMPLICE

Todo lo anterior es una parte. No es el total; hay cerdos, vacas y pollos, pero también cabras, y patos, y ocas, y ballenas, y perros que mueren para consumo humano. Hoy, cuando escribo estas líneas, me veo en la necesidad de separar en dos el problema que nos golpea en la cara: en una cuestión ética y en una cuestión financiera.

A lo largo de estas páginas no quiero apropiarme de palabras como justicia o injusticia, dolor, sufrimiento, natural o humanidad; aparecen, pero no seré yo quien las exprese de un modo directo. Lo que debemos tener claro es que todo lo que se ha explicado y documentado anteriormente ocurre; existe. Y nosotros estamos apoyando ese sistema del cual, por conveniencia, ni siquiera hemos tenido interés en conocer su funcionamiento real. No hemos visitado una granja, ni un matadero, y no sabemos cómo se trata, se cuida o se mata a esos animales que comemos a diario.

Ni la televisión, ni la radio ni los periódicos informan sobre ello, pero no es suficiente. Nuestra inacción como sociedad afecta directamente a la existencia de estos lugares, para bien o para mal, y supone la pervivencia de los mismos. Ser cómplices y no ejecutores de un rapto de libertad no nos hace menos malvados; si es mal lo que el mismo provoca, tenemos el deber moral de poner todos los medios a nuestro alcance y luchar contra él.

En la Antigua Grecia, el ciudadano tenía el deber de participar en política y nosotros hoy, más que nunca, también tenemos esa obligación para con nosotros y los demás. No podemos seguir amparándonos en el desconocimiento; hoy, tenemos que mirar alrededor, observar lo que sucede, lo que supone, y tomar una decisión fundada.

La decisión de cada uno es personal. La obligación es real.

## BRUCE LEE Y LA IMPOSIBILIDAD DEL MEDIO PLAZO

Tendemos a creer que las palabras «medio plazo» no significan nada más que futuro. Pero el futuro llega. Antes o después, pero llega, y se convierte en presente y en pasado a una velocidad vertiginosa.

A mediados de los años ochenta nací yo; mis hermanos, por el contrario, lo hicieron al inicio y al cierre de la década. Desde mucho antes de nuestro nacimiento se hablaba de ecologismo, de economía sostenible, de contaminación atmosférica e incluso de derechos provida animal. En el siglo XVIII, por ejemplo, nació la idea de feminismo, ligada a la igualdad de oportunidades entre los géneros, y que cristalizaría muchas décadas después en el llamado feminismo radical de los años sesenta, que de radical tenía bien poco, y que no hemos conseguido ni tan siquiera consolidar en la vieja Europa donde germinó.

Ante nosotros, el medio plazo se asemeja siempre a una excusa, y nunca a una oportunidad para cambiar las cosas a tiempo. Cada minuto mueren millones de animales en los cinco continentes: en perreras, en mataderos, en plazas de toros… ¿Y si estamos equivocados? ¿Y si no necesitamos la carne de otros animales para vivir saludablemente? ¿Y si la necesitamos pero este modelo de consumo tiene una fecha de caducidad de poco más de treinta años?

Yo no quiero morir con sesenta años si puedo evitarlo; por eso, lo digo, y lo repito, y lo repito. Nuestro modelo de consumo tiene una fecha de caducidad no muy superior a los treinta años. Así que mientras soñabas con vivir un siglo entero, con curar enfermedades como el cáncer, el alzhéimer o el ébola, mientras te preocupabas por conflictos de ámbito internacional que desearías ayudar a combatir (terrorismo, sistemas económicos, guerras, hambre, drogas, contaminación…), tú, yo, todos, nos hemos negado a informarnos y a actuar a nivel local, e incluso somos reticentes a entender que muchos de los problemas a nivel global pueden estar derivados de nuestro modo de vida y de nuestras formas de consumo diarias.

Debemos ver el medio plazo como una oportunidad, pero también como una imposibilidad. Bruce Lee lo resumió en una de sus frases más famosas, así que quizá sea mejor recurrir a un hombre sabio para concentrar la idea: «*Knowing is not enough, we must apply. Willing is not enough, we must do*». Me atrevo a traducirlo para ti: «Saber no es suficiente, debemos aplicarlo. Estar dispuesto no es suficiente, debemos hacerlo».

Es fácil leer este libro, o esta recopilación de ideas; o debería serlo, porque no pretende ofrecer una lectura lenta y anquilosante para tus ojos. Lo difícil es salir y cambiar el mundo, grano a grano. Lo difícil es abandonar nuestra zona de confort, preguntarse por qué ocurre esto o aquello, si no habría otra forma de hacer las cosas; ser activos, hacer, equivocarse, mejorar.

¿Observamos nuestro alrededor con una mirada analítica o preferimos obviar lo que ocurre frente a nosotros? ¿Nos paramos a pensar en soledad por un par de horas? ¿Somos felices con lo que hacemos? Con nuestro trabajo, con nuestros intereses, con nuestras preocupaciones… ¿Estamos integrados y luchamos por solucionar todo aquello de lo que siempre quisimos formar parte? ¿O estamos viviendo la vida que el mundo (otros) nos ha marcado?

Si nos detenemos por un minuto, si nos abstraemos del ritmo frenético que se mueve en cualquier calle de una ciudad, de una fábrica, de una carretera, vemos que, en realidad, todo fluye a contracorriente. Y nosotros, por costumbre, ajenos al movimiento, hemos naturalizado ese descenso.

Ya te había adelantado que el activista Gary Yourofsky resume el consumo de carne mediante cuatro premisas: hábito (*habit*), tradición (*tradition*), conveniencia (*convenience*) y sabor (*taste*). Para él, esas son las cuatro razones que explican el consumo de carne de otros animales hasta la fecha. Las dos primeras también son aplicables a cualquier excusa que queramos imponernos para evitar luchar por nuestros sueños, hasta el punto de creer que todo a nuestro alrededor ocurre por conveniencia, lo que es falso, y terminar por cogerle *el gustillo*, que significa el fin a medio plazo.

Concluyo estas ideas volviendo a Bruce Lee, uno de los pensadores y maestro de artes marciales (por ese orden) a quien más admiro. Sería bueno recordar que él jamás tuvo miedo del hombre que había lanzado diez mil patadas; en cambio, temía a quien había lanzado una patada diez mil veces. No hay forma de derribar o vencer a las ideas, el problema es que necesitan a gente que las extienda una y otra vez.

## DEL ESTÓMAGO AL CEREBRO

El vegetarianismo y el veganismo afirman que no existe necesidad de alimentarse de proteínas de origen animal para llevar una vida saludable, a excepción de una carencia de vitamina $B_{12}$ presente en estos círculos, que se debe complementar con fuentes adicionales.

Por carne, nos referimos al cuerpo de otros mamíferos[12], de peces y de marisco, y hago esta señalización porque por alguna razón los discursos suelen estar tan sobrepuestos que quizá a las personas de vuestro entorno (madres, padres, hijos, hijas, primos..., ya sabéis), les parezca estupendo que renunciéis a la ternera pero no al salmón, al rape y a la merluza, con todas las proteínas, ácidos grasos, vitaminas y minerales que tienen. Aun así, por ahora, en lo que resta de capítulo hablaremos

---

12 Muchos activistas entre los que se encuentran Yourofsky, Potter y Melanie Joy (en sus respectivos campos) critican un nivel de invisibilidad e hipocresía en el lenguaje. Ambos consideran que es más sencillo seguir consumiendo carne si lo suavizamos etimológicamente: una hipótesis que mantiene que el consumo de otros seres vivos es menos traumático si nos referimos al cadáver de otro animal como carne, a sus testículos como *criadillas* y a su cerebro como sesos: no solo alejamos la muerte y el despiece, sino también la definición real del «objeto».

de animales terrestres, y dejaremos tranquilos a aquellos que nos miran desde el mar hasta el siguiente.

La diferenciación que hacía mi madre no era más que cultural. No comemos carne de perro porque lo sentimos cercano a nosotros: lleva más de 20 000 años a nuestro lado; ha sido un compañero fiel y, como mucho, una herramienta (caza, vigilancia, protección, etc.). Por el contrario, la vaca, el cerdo o el conejo jamás han gozado de esta proximidad con nuestra especie, ¿verdad? En el caso de los peces la empatía es todavía menor, puesto que no comparten ni tan siquiera nuestro ecosistema directo, lo que restringe el contacto al mínimo.

Desde pequeños se nos ha *enseñado* la necesidad de comer carne. Enseñar, aun así, sería una palabra errónea, puesto que es cierto que la carne de otros animales cuenta con proteínas y grasas que necesitamos para vivir.

Por ello, antes de la domesticación de animales para consumo, durante el Neolítico, cazábamos. Sin embargo, los vegetarianos y veganos también viven; entonces, cabe preguntarse si realmente estas dietas alternativas son sostenibles, son mejores o son total y absolutamente deficientes. Si ingerimos proteína animal para no sufrir carencias de una vitamina esencial para nuestro organismo, pero nos intoxicamos por múltiples vías, ¿vale la pena? Esa parece ser la clave.

No hay ningún estudio que pruebe la necesidad de consumir carne para mantener un aporte proteico y calórico suficiente, en cambio, hay múltiples estudios que asocian el consumo de carne animal a problemas de obesidad, obstrucción arterial y cáncer (*staff* de la OMS, 2015).

Asimismo, mantener una dieta vegetariana o vegana no parece estar enfrentado a obtener la cantidad suficiente de proteínas y aminoácidos (ácidos esenciales que permiten crear componentes básicos de las proteínas humanas), pero quizá sí tiene otros contratiempos que irán apareciendo en el texto; en este caso, hago referencia a la ya citada vitamina $B_{12}$ o a los ácidos grasos omega 3 y omega 6.

En otras palabras, no hay nada que demuestre que el consumo de carne animal no pueda sustituirse en gran parte (o en su totalidad) por alimentos de origen vegetal. Sin embargo, no oscilemos entre los extremos (que suele ser aquello que más nos atrae a todos, ¿verdad?); veamos primero qué papel fundamental ha supuesto la carne para encumbrarse en la cima del consumo de muchos países.

Para ello, tenemos que retrotraernos varios miles de años hacia los cambios evolutivos que sufrió nuestra capacidad craneal y, posteriormente, nuestro cerebro. Numerosos estudios afirman que fue el consumo de carne lo que permitió el aumento de la capacidad craneal y, más adelante, de la inteligencia abstracta que nos diferencia de otros animales[13].

Lo que no siempre se reseña es que ese consumo relativamente elevado de carne se produce a través de la carroña, como bien sintetiza Carlos A. Marmaleda, experto en paleoantropología y cosmología, en «Sobre el origen de la inteligencia humana», un texto de ampliación de otro famoso artículo de Juan Luis Arsuaga titulado «El origen de la inteligencia humana».

Estamos hablando de lo que permitió al *Homo habilis* y al *Homo rudolfensis* —quizá los australopitecos ya carroñeaban pero no al mismo nivel— mantener una compleja línea evolutiva hasta el *Homo sapiens*: pasar de una dieta rica en celulosa hacia una dieta muy proteica, y enviar todo ese excedente del aparato digestivo hacia el cerebro (Marmelada, 2003).

---

13 Remarco aquí el término «inteligencia abstracta» puesto que, a menudo, tendemos a creer que otros animales no son inteligentes cuando, simplemente, piensan y sienten de un modo distinto.

Sobre estos temas soy completamente inexperto, y además mi interés es relativo, si bien explican el porqué de la importancia de la carne, y cómo al final de la Edad del Hierro esto no tenía razón de modificarse, pues el hábito, la costumbre, la tradición y el sabor habían forjado una cuádruple proposición que se sobreentendía por todos.

De nuevo en el presente, cabría preguntarse por qué no existen estudios dedicados a revelar en un plazo de tiempo lógico si parte o el total de consumo de carne es sustituible y, si es así, por qué no hacerlo, mientras que si no es así, por qué no limitarlo, ya que entramos en los blancos y los negros del consumo de carne. Los blancos están claros: aporte nutricional y, muy probablemente, evolución de nuestra especie; ¿y los negros? No, los negros no solo están relacionados con lo que ocurre en mataderos o granjas industriales, sino también con la sostenibilidad del modelo.

Para que Occidente, Latinoamérica y muchos países musulmanes (no encuentro un apelativo mejor, aunque soy muy consciente, en la medida de mis posibilidades, de las diferencias entre Pakistán y Arabia Saudí, por ejemplo) puedan consumir carne en mayor o menor medida, hay poblaciones e incluso países enteros que no cuentan con ella en su dieta. La carne es un alimento de lujo en China o en la India, y más del 99% de sus ciudadanos no la consumen.

Dicho de otro modo, para que nosotros podamos consumir diariamente, muchos países no consumen nunca. Hasta ahora. Ahora, cuando estos países del sureste asiático empiezan a convertirse en economías emergentes, sus ciudadanos no solo están comprando enormes concentraciones de terreno y animales para la cría, sino que se disponen a consumir carne en la misma medida en que lo hacen Occidente y otros países cercanos. ¿Y por qué no deberían?

Lo que ocurre en China y en la India es lo mismo que ocurrió a finales del siglo XIX en las zonas más industrializadas y aburguesadas de España (País Vasco, Cataluña, etc.), o en Reino Unido, Francia o Alemania con anterioridad. Sin embargo, es un modelo caduco.

Al margen de las creencias de igualdad animal; sin relación alguna con el sufrimiento de otras especies, total y absolutamente separadas de la salud o de las enfermedades de los ciudadanos. Es un modelo caduco porque está destruyendo el planeta a una velocidad que no alcanzará los cien años desde el establecimiento de la agricultura intensiva tras la Segunda Guerra Mundial si otras naciones empiezan a comer carne al mismo ritmo que nosotros (Carnero, 2014). Y lo van a hacer, porque nosotros no somos nadie para decirles qué pueden y qué no pueden hacer. Solo tenemos potestad para aprender de nuestros errores, e intentar que el resto del mundo tome conciencia de ellos. Pero para eso primero debemos tomar conciencia nosotros (Linde, 2014).

## LA INCORPORACIÓN DE UN MODELO ÉTICO AL SISTEMA

Aparquemos todo lo anterior. Sí, sé que es difícil. Pero si quieres dejar estas páginas atrás, y hojear otro capítulo del libro, te encontrarás muchas cuestiones similares hasta el final. Piensa que esta es esa otra realidad de la que te hablaba al inicio, y ten presente también que ocurren miles de cosas malas a lo largo y ancho del mundo; simplemente hacemos todo lo posible para no verlo.

Cuando te veas preparado o preparada, te propongo un pequeño ejercicio. Imagina comer carne como una necesidad. Una hipótesis en la que vivir, y no subsistir, dependa del consumo directo de carne que no podemos sustituir por nada más. En tal caso, y sin importar en qué punto de la cadena trófica nos encontremos, tendríamos la necesidad de consumir la carne de otros animales: son ellos o nosotros, es supervivencia, y en esas circunstancias sería decisión de cada uno decidir si quiere vivir todo el tiempo posible y matar a otros animales para ello o vivir menos años y no hacerlo.

Sin embargo, me atrevo a afirmar que casi todo el mundo comería proteína animal; yo estaría consumiendo carne el primero, y eso que no me considero una persona egoísta, pero prefiero estar vivo a no estarlo, y creo que estar vivo y sano es parte indisoluble de nuestra satisfacción vital.

En este primer nivel, quizá podríamos preguntarnos si las formas de «producción» agrícola son éticas para los animales y para conservar nuestra humanidad —ya hemos visto cómo viven y mueren los animales de los que sustraemos la carne para el consumo—. En cambio, si el consumo de otros organismos vivos no vegetales fuese un acto de supervivencia deberíamos centrarnos en las cifras de producción más que en hacerlo o no hacerlo. A este nivel la decisión debería ser totalmente personal, pero yo recomendaría consumir proteína animal; al fin y al cabo, el ser humano evolucionó a raíz del consumo de carne de origen animal (Marmelada, 2007), en relación al aumento de la capacidad craneal y los cambios que permitieron nuestra inteligencia abstracta: aunque ya hemos visto mediante textos de Aiello, Wheeler y, posteriormente, Arsuaga que en temas de evolucionismo esto todavía es la pescadilla que se muerde la cola.

Sin embargo, puede darse el caso de que el consumo de proteínas animales y otros beneficios derivados de las mismas pueda sustituirse totalmente por las proteínas de origen vegetal. Si, además, podemos complementar una dieta vegetariana o vegana con todas las proteínas, minerales, vitaminas y ácidos esenciales (seguro que me olvido cosas, pues soy un tipo de letras) para mantener un estilo de vida saludable. Éticamente, llegados a esa situación, el consumo de carne sería completamente opcional, puesto que si es posible reemplazar con garantías totales y obtener los mismos beneficios de una u otra fuente, quizá toda la infraestructura que utiliza a los animales para consumo humano (como recordarás, las vacas y los cerdos no están corriendo en libertad o semilibertad por los campos) podría resultar muy pesada en nuestras conciencias.

Asimismo, hay una tercera opción: podría darse el caso de que el consumo proteínico de origen animal fuese negativo. En otras palabras, si una serie de estudios contrastados probasen que el consumo de animales es negativo para el cuerpo humano, no solo estaríamos criando y eliminando miles de millones de seres vivos anualmente, sino que lo estaríamos haciendo sin más razón que dañar nuestros organismos.

Algunos estudios y artículos que han trascendido a los medios (Ramírez de Castro, 2014; EFE, 2014; López Ojeada, 2014) parecen afirmar que aquellas culturas que prescinden en gran medida (aunque no totalmente) de las proteínas de origen animal no solo viven mucho mejor, sino que desarrollan muchas menos enfermedades a medio plazo, como el cáncer, la hipertensión y las afecciones cardiovasculares.

El verdadero problema es que mucho antes de la ética y de la salud encontramos intereses financieros. La actitud lógica como sociedad por la que deberíamos luchar e invertir en investigación es saber si necesitamos consumir carne animal para vivir o si nos estamos perjudicando: a nosotros y a ellos. No obstante, nadie tiene interés en invertir en estos estudios a gran escala, y quizá deberíamos preguntarnos el porqué.

No se trata solo de cómo viven y cómo mueren los animales para consumo humano, sino de encontrar un modelo óptimo de afectar a los ecosistemas que nos rodean, ¿no crees?

Como cierre, e inicio del siguiente capítulo, podríamos decir que se trata de la eterna disyuntiva que presentaba Ernest Hemingway: ¿algo natural e inamovible en sus bases o solo un fruto más de la tradición y de nuestra evolución como sociedad?

Tratemos de no acabar como aquel viejo pescador cubano que decía: «Soy un hombre viejo y cansado. Pero he matado a este pez que es mi hermano y ahora tengo que terminar la faena». O también el mar seguirá oscureciéndose…

# 4 NOS MIRAN CON OJOS DE BESUGO

> *No comprendo estas cosas. Pero es bueno que no tengamos*
> *que tratar de matar el sol o la luna o las estrellas.*
> *Basta con vivir del mar y matar*
> *a nuestros verdaderos hermanos.*
> Ernest Hemingway, *El viejo y el mar* (1952)

> *De una manera u otra todos matan a todos.*
> *Pescar me mata en la medida en que me tiene vivo.*
> Ernest Hemingway, *El viejo y el mar* (1952)

Mi padre se dedicó a la náutica deportiva durante más de treinta años. Aquello de navegar por afición para «pijos y pijas» hasta hace poco, ya sabes. O así solía estar considerado según recuerdo. El testigo cayó en mi hermano mayor, quien (creo) comparte conmigo una visión bastante bucólica del mar; un mar que se empeñan en destruir marinos, navegantes descuidados y grandes industrias, pero también todos y cada uno de nosotros mediante pequeños gestos que pueden construir o hacer desaparecer enormes cantidades de basura oceánica que terminan, antes o después, de nuevo, en nuestro estómago.

Cuando pensamos en el vegetariano, lo imaginamos sin comerse a una vaca, pero no siempre a un pez. Los peces nos miran con *ojos de besugo*, como sin entender, y por eso no empatizamos con ellos en la misma medida.

Desde siempre, nuestra relación con los ecosistemas marinos ha sido mínima y totalmente utilitarista, pese a que todos surgimos del mar, y sería bueno recordarlo de vez en cuando. Desde las costas orientales, donde los tiburones son cruelmente amputados sin razón hasta la pesca de arrastre o con redes de deriva en el Pacífico o en el Mediterráneo, actuamos irresponsablemente, y eso supone la destrucción de miles de especies.

Gran parte de lo aplicado al consumo de carne puede adaptarse al modelo de pesca; allí donde la cría y el engorde excesivo podrían extrapolarse a la captura de peces sin ningún control, y las granjas industriales a las piscifactorías.

Estas últimas, además, aunque se han considerado parcialmente ventajosas a nivel global, pues impiden la pesca excesiva y los daños que esta produce en diferentes ecosistemas, suponen unas necesidades alimenticias enormes que, a menudo, exigen un gasto todavía mayor de pescado salvaje para su engorde que aquel que se obtendrá en el centro de cría (Colaboradores de Gastronomía&Cía, 2014).

Organizaciones como Greenpeace buscan un consumo sostenible, y no una desaparición del consumo en sí. Por el contrario, los activistas ovo-lacto-vegetarianos (consumidores de huevos y productos lácteos) y los veganos, así como muchas organizaciones que luchan por la igualdad animal, ven en los seres marinos en general un reto todavía mayor para concienciar a la población del respeto o del no-consumo.

Durante el tiempo en el que me documenté para escribir este capítulo encontré un vídeo promocional que hablaba de la pesca sostenible o artesanal (*staff* de Greenpeace España, 2011) que sirvió, y todavía sirve, para la promoción de las reservas marinas pesqueras y de las prácticas relacionadas que Greenpeace ayuda a defender. En él se tildaban estas acciones como sentido común, y no sabiduría, aunque hay buena parte de sabiduría y experiencia en el trato sostenible de las especies de las que, en mayor o menor medida, gran parte del mundo se nutre.

Para comprender las dimensiones a las que afectamos el medio ambiente incluso con pequeños gestos, hoy día podemos plantearnos visitar la «isla de basura», una gran masa de detritos en el Pacífico Norte que se ha formado a causa del giro oceánico (una de las cinco corrientes rotativas relacionada con la rotación terrestre y, en gran medida, con la fuerza centrífuga de la Tierra) entre los continentes de Europa y América. Según los sondeos, se calcula que la gran mancha de basura duplicaría la extensión del estado de Texas (Estados Unidos), el cual ocupa casi 700 000 km². *The Trash Vortex* (El Vórtice de Basura), como se conoce en inglés, solo demuestra lo que ocurre a pequeña y a gran escala: el detrito flotando y contaminando el mar, los peces y el resto de seres marinos que intentan ingerir plásticos y mueren asfixiados o quedan atrapados por acción indirecta de los seres humanos…

Este problema se une a la sobreexplotación oceánica, el calentamiento de las aguas, la contaminación por químicos, fertilizantes y todo tipo de compuestos que empobrecen el ecosistema marino y otras afectaciones directas como el vertido de petróleo por procesos de carga y descarga, bombeo o perforación de pozos.

Sobre el medio marino no me gustaría ofrecer una lectura repetitiva con respecto al consumo de carne. Veo lógico concluir que si consideramos poco ético consumir los cuerpos (carne; cadáveres) de mamíferos, deberíamos aplicar ese razonamiento también al pescado y a otros animales que viven en el mar (sean peces, mamíferos, marisco, etc.); si bien cada persona debe realizar su propio planteamiento al respecto, pues estoy seguro de que, aunque sean una minoría, hay personas que se plantean alternativas como el vegetarianismo o el veganismo como una cuestión única que se relaciona con su salud; en cambio, la inmensa mayoría entiende que esta actitud debe englobar una visión doble que dé cabida a la ética en la misma medida que a la salud. Así, todos aquellos que vean estos supuestos relacionados discurrirán que si no torturamos a un cerdo, tampoco tiene sentido torturar a un mero.

Estas proposiciones, que engloban salud, ética y el planteamiento de alternativas desde una visión empírica y evolucionista —disculpa la pedantería—, sería bueno mantenerlas unidas al tercer capítulo. En otras palabras, llevar la discusión hacia el consumo o el no consumo de proteína de origen animal en su conjunto, y no a otros grados de especismo, como a menudo suele ser denominado por vegetarianos y veganos; es decir, racismo (otorgar o retener derechos o privilegios basándose en la raza y, en este caso, en la especie) frente a otros animales.

Por estas razones, permíteme que centre la exposición de este capítulo en los inconvenientes y los problemas que nuestro actual trato a los océanos ha planteado; para saber qué necesitamos replantear, no obstante, también debemos comprender cómo está estructurado el modelo de pesca y, en consecuencia, tratar de observar que la mayoría de los buques pescan más de lo que deberían (*staff* de National Geographic, s.f.) y que, además, lo hacen de un modo poco responsable. Mientras tanto, los presupuestos de las reservas marinas siguen menguando sin control desde hace años (Rico, 2015).

De igual modo, me encantaría que me acompañes a analizar la importancia de la empatía en nuestro modelo de subsistencia y de nuestras formas de consumo; parte indisoluble de nuestra actitud en los océanos y con los océanos que está vinculada a la relación distante y utilitarista que mantenemos con estos, lo que servirá para hablar del resto de temas que quiero desarrollar aquí.

La realidad es que no difiere en exceso explotar el cerebro de una ballena con un arpón en el Ártico a perforar el cráneo de una vaca que ya no sirve para producir más leche: son dos formas de sufrimiento que, a múltiples niveles, resultan extremas; y a medida que pases páginas comprobarás, si todavía lo dudas, que no existe una razón lógica para separar el trato de una u otra especie mediante la línea de costa.

## DE LO *VERDADERAMENTE JODIDO* HASTA LO QUE DEBERÍAMOS REPLANTEAR YA

La pesca, al igual que la caza, es una de las actividades más antiguas que se conocen. Su relación directa con la subsistencia hace difícil, si no imposible, delimitar cuándo empezó a practicarse.

Tiene sentido asumir que las poblaciones nómadas cercanas a ríos o al mar introdujeron esta práctica durante la Prehistoria, pero resulta imposible acotar su origen a un periodo concreto. De cualquier modo, lo más probable es que debido a su función primaria surgiese en paralelo y de un modo natural en diferentes núcleos de población. Lo que sí sabemos es que hay testimonios escritos del comercio de pescado seco y salado ya en Mesopotamia (Gallart y Escriche, 2005), lo que indica que las primeras grandes civilizaciones ya mantenían una compraventa estructurada en sus sistemas.

Como nos ha ocurrido en el transcurso de este libro, vuelven a ser poco relevantes los avances de la práctica, así como sus cambios. Cabe señalar, simplemente, que es a partir del nacimiento de la pesca industrial cuando se produce ese cambio amparado en la tecnología, donde la infraestructura y la inversión dan como resultado una afectación directa y fácilmente descontrolable que resultaba imposible en la práctica artesanal. A nivel medioambiental, el cambio entre pesca artesanal e industrial es similar a los nuevos procesos de producción de carne industrializada en las granjas y mataderos.

La principal diferencia, no obstante, aunque es una diferencia más teórica que práctica, es que las granjas industriales trabajan, por decirlo de algún modo, con la cría de animales, es decir, mantienen un control teórico de los «procesos de producción» —que en realidad afecta a otros parámetros como el agua potable y la contaminación atmosférica y resulta igual de negativa o peor a gran escala—, mientras que la pesca industrial agota las reservas marinas e imposibilita ese control: en la naturaleza podemos calcular el riesgo de desaparición de una especie pero, a ciertos niveles, resulta imposible saber cuándo esta se ha extinguido hasta que ya lo ha hecho.

Esta idea es similar a la caza furtiva, que nos permite contar los cadáveres que esta deja a su paso, pero no siempre mantener datos basados en el comportamiento natural de los animales, puesto que hay un componente externo que afecta a una o varias especies de forma directa.

La pesca, de la que me confieso un total desconocedor en su práctica (vamos, que no me verás con una caña entre las manos), plantea problemas similares a partir de esta industrialización del modelo de consumo del que hablábamos; para que te hagas una idea rápida, todas las características que se aplican en el ámbito financiero al consumo de carne también se pueden aplicar a la explotación de los océanos.

Sin embargo, como actividad profesional, su impacto tradicional ha sido muy bajo, donde el conocimiento del medio y la pesca de bajura han primado. El pescador, a lo largo de los siglos, ha aprendido rápidamente que si pesca peces muy pequeños paulatinamente verá menos peces grandes; que si contamina sus costas comerá pescado contaminado; y que si no respeta a los compañeros que faenan a pocas millas de sus barcos y botes no recibirá respeto.

Este modelo idílico jamás ha sido universal, y seguro que tanto en Egipto como en las costas británicas del siglo XVI o en el Cantábrico de la década pasada había buenos y malos pescadores. La principal diferencia es que, por muy poco respetuosa que sea la actitud de un pescador que practica un estilo de pesca tradicional, el impacto es ridículo en comparación.

Así, el sentido común nos dice que alguien que actúa mal, aunque sea a pequeña escala, sigue actuando mal, y nada le da derecho a eso. A nivel moral, maltratar a una vaca no te hace buena persona por no estar maltratando a cien, como mucho, te hace algo menos ruin; pero el impacto de matar a una vaca a cuchillazos no es el mismo que el impacto de matar a 10 000 terneros.

Del mismo modo, el impacto de un mal pescador no es comparable al impacto de un barco de pesca industrial. Un día del pesquero en alta mar faenando en el Ártico afecta al ecosistema lo mismo que diez vidas del pescador del ejemplo anterior.

Actualmente, el consumo de pescado en el mundo se obtiene sobre la base de tres tipos de pesca: la comercial en agua dulce, la comercial en agua salada y la industrial. Las dos primeras formas de obtención se han mantenido durante milenios, pero el verdadero impacto ambiental puede encuadrarse en los tres últimos siglos y, sobre todo, en los vertidos y el abuso del medio en los últimos años.

Para situarnos, quizá deberíamos hablar también de los tipos de pesca en relación a la altura o la bajura. Durante siglos y siglos, la pesca de bajura ha sido la que ha primado, aprovechando las especies autóctonas del litoral y acordando, es probable que no de una forma muy idílica, las aguas en las que faenar. Hoy día, las aguas cercanas a la costa se han sobreexplotado, y esa falta de pescado, que es el principal problema desde finales del siglo xx, ha supuesto la necesidad de potenciar las actividades de altura.

Como su nombre indica, altura no necesita de una gran explicación; se trata de actividades pesqueras a muchas millas de la costa, y eso requiere de navíos en los que se pueda trabajar y descansar. En otras palabras, grandes pesqueros. Ahora llega lo divertido. Estas embarcaciones, evidentemente, contaminan a un nivel mucho mayor que los pesqueros en cotas bajas, que por lógica serán veleros, y aceleran otros problemas relacionados: calentamiento global, contaminación marina y poco aprovechamiento de las especies autóctonas, entre otros.

Asimismo, a mil millas de la costa, quizá prácticas como pescar por arrastre, mediante redes de deriva e incluso con bombas, parecen multiplicarse jornada a jornada; y es que el Ártico o el Antártico no tienen ojos.

Además de la sobreexplotación, pescar por arrastre supone capturar crías y otras especies que, probablemente, no interesen a los pescadores (Thomas y Jiménez, 2015), así como fragmentos del hábitat marino. Si lo traspasamos a tierra, sería como cazar a un jabalí talando cien árboles, matando a sus crías y, de paso, ejecutando a veinte o treinta aves que pasaban por allí. En el mar, lo que no interesa se tira de nuevo, ya muerto, y nadie lo ve.

De un modo similar funcionan las redes de deriva; mallas que quedan en un punto durante días atrapando sin control a cualquier especie que tenga la mala pata de pasar por esa parte del océano y que, a posteriori, se recogen con todo ello, sean delfines, tortugas o un mero.

Por último, en esta clasificación de las formas más abusivas de pesca o, directamente, idiotas, está la pesca con dinamita. Sí, has leído bien. Y esto ocurre en España (en menor medida, tras los atentados del 11-M) así como en otros países que no mantienen demasiado control: en la zona del sureste asiático, en el mar Egeo y en la costa africana.

No hay que ser una lumbrera para ver que puede ser problemático capturar un banco de peces detonando explosivos contra ellos y todo lo que hay a su alrededor (otras especies, plancton marino, tortugas, aves, crías…) y, de vez en cuando, alguna mano o algún pie del avispado pescador o pescadora que manipula explosivos que, por regla general, son caseros (una mezcla de nitrato de potasio con polvo o de amonio con queroseno).

Aun así, parece lógico pensar que, si bien es importante comer y mantener una dieta variada —por ahora, no entro a valorar el consumo de proteína animal u otros elementos beneficiosos del pescado—, la pesca sin control y, sobre todo, la pesca de altura que se realiza mediante prácticas abusivas relacionadas con un modelo industrial ha traído, a corto plazo, más inconvenientes que ventajas (Wright, A. y Glynn, W., 2015).

¿Pero qué ocurre si perpetuamos este modelo? A grandes rasgos, se agrava la situación en tres frentes: calentamiento de las aguas, contaminación marina y especies invasoras; y en un lapso no excesivamente largo de tiempo, problemas a nivel geopolítico.

El calentamiento global, que siempre lo ubicamos a la cola de nuestras preocupaciones medioambientales, e incluso lo naturalizamos (es cierto, no obstante, que el planeta tiene sus procesos naturales de cambios de temperatura, pero no a esta velocidad), afecta a la desaparición de especies de primer nivel, el primer escalón de la cadena alimentaria.

De este modo, si le quitamos su alimento principal a la foca, que al ser un mamífero consume leche materna durante meses y, posteriormente, pescado, la foca morirá de inanición, y a su vez afectará a los osos polares, que se alimentan de la carne de este mamífero desde pequeños.

Los problemas, sin embargo, son más complejos, pues la pérdida de algunas especies puede afectar incluso a las corrientes marinas o a organismos microscópicos de los que se alimentan muchos peces, acabando también con las posibilidades de mantener forjada la cadena trófica de un mismo hábitat. Esto es lo que ha sucedido con el bonito del norte, que ahora está *tan* al norte que los pescadores rastrean sus bancos hasta las costas de Irlanda.

La contaminación, en cambio, es todavía más inmediata y, lo que es peor, nos afecta de un modo directo. Ya no solo la degradación por plásticos y fuel, que no hay que olvidar que acabamos ingiriendo también nosotros al final de la cadena, sino de muchos otros productos de consumo que se han visto afectados por altas dosis de cadmio, cobre, mercurio u otros metales pesados.

Hablando en plata, terminamos por comernos la mierda que producimos. En el proceso, mueren tortugas atragantadas por el plástico y aves marinas bañadas en crudo, pero también queda suficiente para que nos comamos el gasóleo y otros metales pesados que llegan, antes o después, a nuestros platos.

Todo lo anterior tiene un último hándicap, que no deja de ser aquel que más sorprende: no solo los seres humanos se adaptan e intentan sobrevivir; ese es un comportamiento natural de cualquier organismo vivo. Por ello, cuando un ecosistema se ve expuesto o contaminado, las especies migran. En el mar, migran a muchas millas y aquellas que sobreviven compiten con las autóctonas con las que se cruzan; en Asturias, el caracolillo (*Cyclope neritea*) ahora impide que otros moluscos campen por la bahía de Vizcaya (Bachelet *et al.*, 2004), con todo lo que eso supone. La naturaleza es sabia, y no había permitido esta problemática de especies invasoras; nosotros, parece ser que no tanto.

Todo lo anterior son algunos apuntes documentados y (medianamente) razonados que puedes creerte o no; pero si buscas información al respecto, entenderás que este problema no solo es real, sino que se debe solucionar con leyes restrictivas, control y, por encima de todo, políticas educativas y de concienciación.

Una sociedad concienciada con sus formas de alimentación debe ver, antes o después, que la ausencia de pescado no se soluciona con políticas más agresivas con la mar, sino todo lo contrario. Por eso, cuando se me resbaló una lata de refresco de la mano en junio del año 1995, mi padre me atizó un capón. Esa lata me la iba a comer yo, o el vecino; hoy, mañana, pasado o veinte años más tarde.

Falta por comprender que esta no es una cuestión actual, sino que trae cola; los problemas en algunos caladeros de bacalao entre Islandia y Reino Unido desembocaron en la Primera Guerra del Bacalao, un conflicto internacional que ocupó los últimos meses del año 1958. La distancia que Islandia incumplió fue de ocho millas náuticas. Catorce años después, Islandia presionó por cincuenta millas más; el tiro les salió por la culata, y el resultado fue tener que aceptar que los británicos empezasen a faenar también en sus costas por una cifra nunca superior a 130 000 toneladas de bacalao al año.

En el año 1978, España, uniéndose a otros países que ya habían ampliado sus aguas jurisdiccionales para faenar, incrementó doscientas millas en el Atlántico y en el Cantábrico (CEACS, 1978). La primera guerra por los recursos fue por ocho millas; veinte años después, eran doscientas. Nadie abandona un litoral cercano mientras haya trabajo, ¿verdad? El problema es que cada vez quedan menos capturas que hacer, y la actitud es justo la contraria a la que debería, ¿no crees?

La competencia de los recursos crece, y las aguas cada vez están más sobreexplotadas. Y todo ello, amparado en el hecho de que otros países no tienen la infraestructura para sacar partido a sus costas (África, por ejemplo), empieza con una nueva forma de neocolonialismo. Esta vez, por el último reducto libre: el mar.

## NO NOS CAEN DEMASIADO BIEN... O LA IMPORTANCIA DE LA EMPATÍA

Quizá este es el capítulo para el que más me he tenido que documentar. En serio. ¡No sabemos *nada* de los peces ni de muchas otras especies marinas! Estuve buscando bibliografía durante días, y por un casual, entre los libros y otros documentos gráficos y audiovisuales, encontré un texto de Joan Dunayer que había publicado, originalmente, en *The Animal's Agenda* y había traducido una colaboradora de Igualdad Animal (Dunayer, 2001). Hablaba de dos peces a los que habían bautizado como Blackie y Big Red.

> Blackie, una carpa dorada moor severamente deformada, a duras penas podía nadar. Big Red, una carpa oranda dorada más grande, sintió la impotencia de Blackie. Tan pronto como Blackie fue introducido en el tanque de Big Red, este comenzó a cuidarlo. «Big Red observa constantemente a su nuevo compañero enfermo, levantándole suavemente en su ancha espalda y nadando con él alrededor del tanque», informaba un periódico surafricano en 1985. Siempre que la comida era esparcida sobre ellos, Big Red llevaba a Blackie a la superficie del agua para que los dos pudieran comer. El dueño de la pecera dijo que durante un año Big Red había estado mostrando

esa «compasión». La mayoría de los humanos muestran mucha menos de esa piedad por los peces. Trágica e irónicamente, fallamos en reconocer una sensibilidad en los peces que sobrepasa la nuestra de muchas maneras distintas.

Cuando leí esa última frase, se me puso piel de gallina. Sentí un hormigueo muy real y, de improviso, comprobé que mi mente se había abierto un poco más a todo lo que ocurría alrededor. A lo bueno, pero también a lo malo.

No, no fue un éxtasis, ni una experiencia mística. Lo racional llega de un modo mucho más natural, en realidad. Y es lógico que una carpa, un mero o una merluza sientan y perciban su entorno y lo que hay en él. ¿Existe una diferencia real entre las especies marinas y las terrestres? A priori, lo más probable es que no.

Su comunicación con el entorno es diferente, su visión es diferente, su interacción a todos los niveles, también. Pero el texto de Dunayer que encabeza estos párrafos no solo defendía el mundo perceptivo de los peces por sus capacidades, sino también por la interacción de estos con otros organismos, incluso humanos.

Los peces reaccionan fuertemente al contacto táctil. En los noviazgos, suelen rozarse suavemente uno contra otro. Las grabaciones del laboratorio marino Narragansett han revelado que los petirrojos de mar *ronronean* cuando son acariciados. El fotógrafo subacuático Ricardo Mandojana se ganó la amistad de un pez judío inicialmente cauteloso tras rozar ligeramente la frente del pez. Meses más tarde, el pez, aparentemente deseoso de ser acariciado, se acercó a los alrededores del buceador.

Según los expertos, pues, todo indica que así como los peces sienten, pueden padecer. Y padecen, desde estrés (ritmo cardíaco y respiratorio, liberación hormonal, etc.) hasta duda y dolor. Parafraseando a la periodista latinoamericana Martha Gutiérrez, colaboradora del diario argentino *Clarín* y presidenta de ADDA (Asociación Defensa Derechos Animal), los peces heridos no solo sienten dolor, sino que experimentan también terror y emiten sonidos al ser capturados (Gutiérrez, 2013).

En el artículo en cuestión, titulado muy acertadamente como «Los peces y nuestra empatía», narraba su lucha personal por terminar con los regalos en forma de peces, crías de pollos y similares que se hacían a los niños con la entrada a una feria o una exposición «Aquellos animalitos eran flores de un día», decía, y su lucha cristalizó en una ordenanza municipal que terminó por prohibirlo.

¿A qué atiende esta actitud más allá del consumo? Para Kant, la ética era la actividad propia de la razón práctica; es decir, los principios que cristalizaban en acciones o voluntad de acción. Por esto, resulta complicado e incluso ficticio hablar de una ética única, pues cada uno tendrá la suya.

Desde mi perspectiva, la ética está intrínsecamente ligada a la empatía. Los principios que componen la ética son fundamentalmente prácticos, y buscan la propia felicidad. Mentir, robar, matar… son actitudes o acciones contrarias a nuestra felicidad y a la del prójimo.

El prójimo, por extensión, contribuye a nuestra felicidad, ¿pero… quién es el prójimo? En pocas palabras, el prójimo es aquel que yo defino como tal. Para un miembro del Ku Kux Klan, su prójimo no será nunca un negro o un latino; para un amante de los animales o un activista vegano, su prójimo alcanzará el nivel de todo ser vivo sintiente, lo que puede llegar a ser un problema si consideramos los vegetales de este modo, ¡porque nos tocará hacernos frugívoros o comer piedras!

El escritor Stephen Covey[14] apuntaba que resultaría imposible quebrantar las leyes naturales o los principios, y únicamente podríamos infringirlos en la medida en que nos lo hacemos a nosotros mismos. En otras palabras, la ética serían uns faros que alumbran nuestras costas —están ahí— y nosotros solo tenemos libertad en la medida en que decidimos seguirlos o no.

Todo ello, evidentemente, arrastra un componente social y grupal y otros valores relacionados, como la honestidad, la integridad o la dignidad, y estoy completamente seguro de que, a menudo, la ética se confunde con la tradición e incluso con la ley. Para mí, como he dicho, la ética tiene, ante todo, un componente individual último[15].

Hoy día, y por suerte, sigue habiendo diferencias raciales, culturales y étnicas entre nosotros, pero a todos los seres humanos se nos reconocen unos derechos y unos deberes propios. Esto trae innumerables problemas, como transgredir la Declaración Universal de Derechos Humanos en algunos países de los cinco continentes pero, a grandes rasgos, todas las poblaciones del mundo estamos de acuerdo en considerarnos iguales (como digo, esto es muy utópico por ahora).

Con los animales no ocurre lo mismo, como ya hemos visto con los cerdos, las vacas, las gallinas y muchos más, ya que existe una maquinaria industrial enorme que nos hemos ocultado a nosotros mismos. Existe, pero no la queremos ver.

---

14 Stephen Covey es el autor del conocido *best seller* de autoayuda *Los siete hábitos de la gente altamente efectiva* (Paidós, 2014).

15 Si tienes interés por este tema, más allá de los dos pilares de la filosofía en lo que se refiere a la ética y la moral, es decir, Aristóteles y Kant, te recomiendo que leas a Alasdair Macintyre como renovador de la postura aristotélica y a Martha Nussbaum, quien ha actualizado muchas de las posturas éticas clásicas.

De esto ya hemos hablado, y terminaremos con algunas conclusiones en el siguiente apartado, por lo que veo absurdo distanciarnos del tema principal que nos ocupa, aunque sí sería conveniente mantenerlo en mente; a todo el mundo le parece mal que maten para el consumo a terneros de tres meses de vida, por eso nadie quiere verlo, pero a nadie le importa si el pez de tres días, tres meses o tres años sufre. Bueno, ni el pez, ni el mamífero, ¿verdad? ¿O sí?

Desde luego, la percepción general sobre este tema es que los humanos sufren, pero los animales no, ¿cierto? Maticemos. Paulatinamente encontramos un mayor número de gente concienciada que cree que otros animales también sufren; sin embargo, esta cadena está total y profundamente ligada a la partición del entorno y al contacto que mantenemos con estos.

Así, somos muy empáticos con perros y gatos —en la India, con las vacas—, y menos empáticos con otros animales con los que no compartimos un entorno directo, como los cerdos, los pollos e incluso los caballos (en menor medida); y todavía menos empáticos con aves o mamíferos acuáticos que quedan más alejados de nuestra posición.

A medida que la cadena se aleja, y por muchas pruebas que tengamos sobre ello (dolor, inteligencia, sensibilidad...) presuponemos y aceptamos menos características compartidas con nosotros, hasta el punto que hemos forjado mitos como los tres segundos de memoria de los peces o la falsa hipótesis sobre que no sienten dolor.

Todas las especies de peces son tratadas de un modo completamente diferente a los mamíferos, pese a que todo indica que, si bien sus formas de comunicación e interacción son otras, podemos presuponerles muchas de las características que nos hacen animales, e incluso humanos (también la empatía).

Llegados a este punto, si tengo que lanzar una afirmación explosiva, te diría que, primero, es tan simple como no compartir el mismo medio, lo que nos aleja de ellos física y mentalmente, y segundo, cuanto más alejados de una especie estamos, menos empatía sentimos por ella, menos características relacionadas creemos tener con ella y más esfuerzo intelectual necesitamos para comprender estas cosas.

Por eso, muchos pescetarianos (aquellos que se alimentan de pescado, pero no de carne) han recurrido durante décadas al pescado en busca de la proteína de origen animal, y no a los mamíferos; por eso, cuanto menos conocemos otras culturas, más alejadas las vemos de nosotros, y por esa misma razón, evidentemente, nos resulta menos complicado comernos a un bacalao que a un cerdo o a una vaca.

## CASOS DE GRAVEDAD: ALETA DE TIBURÓN Y OTROS EJEMPLOS DE IDIOTEZ INNECESARIA

Por ahora, confío en que valores el hecho de que haya mantenido mi palabra. Verás que a lo largo de todas estas páginas hay muchos ejemplos fundados, pero ninguna opinión personal. Dicho esto, puedes creer que este título es capcioso, y que te estoy tomando el pelo, pero déjame contextualizarlo.

Los esquimales llevan siglos comiendo carne como principal alimento: carne de foca, carne de ballena, pescado…, y la mayoría de ellos no tiene los problemas de salud que sí padece la sociedad occidental; más bien son la antítesis: índice de grasa corporal bajo, ausencia de problemas cardiovasculares y de caries…

Sin embargo, como quizá sepas, comer mucha proteína animal puede llevar a la muerte; como bien aprendieron los veinticinco miembros de la expedición ártica del primer teniente norteamericano Adolphus Greely —aunque diecinueve de ellos no pudieron compartir ese nuevo conocimiento—.

Alimentarse únicamente de conejo (Berazaluce, 2011) provocó su muerte por inanición. Primero, por malnutrición; segundo, por envenenamiento (sí, de proteína animal). Entonces, la pregunta está clara: ¿cómo viven y tienen una dieta completa los esquimales? La respuesta reúne tres palabras: «grasa» y «carne cruda».

Los esquimales tienen una dieta un tanto extraña a nuestros ojos pero, hasta que insertaron alimentos y métodos occidentales, les funcionaba (Calero, 2012). Esta se basa en comer mucha grasa animal (tres cuartas partes de su dieta diaria) y casi el 25% restante de proteína pura. Si sabes tan poco como yo, te encogerás de hombros, aceptándolo; si sabes un poco más, te darás cuenta de que eso produce una deficiencia enorme de vitamina C. ¿Cómo la suplen? Con carne cruda. ¿Y el resto (vitaminas A, D y E, por ejemplo)? Las que no llegan por grasa de foca, se ingieren a través de órganos y vísceras.

A muchas millas de distancia, otros peces, conocidos en biología como una superorden de los condrictios, aletean y colean por los mares y los océanos de medio mundo. Son los tiburones, cuya población desciende en 100 millones de ejemplares por año. En los últimos treinta años, se calcula una disminución de su población de un 70% debido a la actividad humana.

Si quieres hacerte una idea de hasta dónde llega el problema, *Sharkwater* (traducido, libremente, por *Tiburón, en las garras del hombre* al español) es un documental canadiense escrito y dirigido por Rob Stewart en el año 2006 que ofrece las principales claves acerca del problema. En él se denuncia cómo la sopa de aleta de tiburón es el principal culpable de la extinción que están sufriendo decenas de especies de tiburón para consumo humano; en concreto, en las costas de Ecuador, Costa Rica y las Galápagos; y también en China, Taiwán y Japón.

Son dos caras de una misma moneda: es el reflejo de la actuación directa del hombre en el medio. Sin embargo, verás que la caza de tiburones es uno de esos casos de *idiotez* innecesaria, mientras que la alimentación de un esquimal tiene sentido.

Aun así, llegados a este punto, cada uno podemos tener nuestra opinión. Para mí, por ejemplo, sería absurdo intentar cambiar la dieta de un esquimal de hoy para mañana, porque su medio (lo que ellos llaman hogar) no lo permite. A medio plazo, podrían tomar la decisión de cambiar de hábitat e incorporarse hacia una dieta menos agresiva con el medio, aunque eso quizá no nos incumbe. ¿O sí? Dejo esta pregunta abierta.

Por el contrario, la masacre de un animal que rápidamente ha mutado de predador a presa se explica a través del consumo de sopa de aleta de tiburón en el sureste asiático. Un plato considerado una *delicatessen* que es insípido (sin sabor) y carente de nutrientes; se trata de cartílago, al igual que su esqueleto, que no es óseo, sino cartilaginoso, y su éxito se debe más a las propiedades y símbolos que se le presuponen en Asia antes que a una función real.

Antes de su consumo, las aletas se secan y tratan con peróxido de hidrógeno para embellecerlas (imagínate, pues, que no son demasiado bonitas de ver sin piel) y se utilizan en bodas y celebraciones similares, ya que se presupone que es un objeto simbólico que ofrece salud y prestigio.

De igual modo, el auge también viene asociado a su consideración como afrodisíaco (sin pruebas de ningún tipo, evidentemente) y objeto-milagro contra el cáncer (*staff* de Cancer Research UK, s.f.), ya que se creía, erróneamente, que estos animales no padecían la enfermedad.

En cambio, suele obviarse el hecho de que sus branquias filtran y acumulan muchísimo mercurio a lo largo de su vida, por lo que es muy probable que el consumo de estos, a diferencia de otros peces, sea tóxico; hasta el punto de provocar malformaciones en fetos (*staff* de *El Correo*, 2010).

El verdadero problema que se deriva del consumo de aleta de tiburón, no obstante, es lo que se conoce, en inglés, como *finning*: la práctica de seccionar la aleta al ejemplar y lanzar su cuerpo, vivo, al mar, con el fin de no ocupar un espacio en bodega que puede utilizarse para almacenar más aletas de tiburón.

Evidentemente, sin su aleta, el animal cae a peso contra el fondo marino y muere. Estemos dispuestos a defender toda vida animal o a adoptar una postura respetuosa, el *finning* debería parecernos a todos igual de negativo, pues es una práctica que supone el sufrimiento animal por el mero interés financiero de la industria y el aprovechamiento de, aproximadamente, un 2% del cuerpo frente a la posibilidad de utilizar toda su carne y que forma parte de la cocina de un gran número de países en el mundo, como el cazón en España, algunas recetas de *fish and chips* en Reino Unido y Australia o el *shillerlocken* en Alemania.

Si existe una especie marina cuya existencia peligra, hoy día, es el tiburón. Un patrón de cruel sobrepesca que se repite desde el siglo XIX, cuando las ballenas eran cazadas en masa para iluminar las ciudades mediante su grasa y, muy probablemente, se hubiesen extinguido si Abraham Gesner no hubiese encontrado en el carbón la forma de fabricar queroseno: una alternativa más eficiente, barata y que olía mejor, pero que solo gracias al azar —según sabemos— se consiguió que viese la luz.

Y es que fue el azar quien quiso que la excavación del coronel Edwin Drake al oeste de Pensilvania en busca de petróleo (nafta mineral) no se cancelase antes de tiempo gracias al retraso de una carta de George Bissell. El español Javier Sanz (2011) narra, en su blog dedicado a la pequeña y la gran historia, el acontecimiento con estas palabras:

> Con más problemas de los previstos y tras año y medio de arduo trabajo, los fondos se agotaban y el petróleo no aparecía. Los socios capitalistas de Bissell no querían perder más dinero y cerraron el grifo. Bissell envió una carta a Drake para que parasen las perforaciones…, pero la carta se retrasó. El 27 de agosto de 1859, unos días antes de que llegase la carta, encontraron petróleo.

Durante el siglo XX ocurrió lo mismo con otras especies de consumo como el bacalao o las sardinas, y el XXI parece ser el siglo del tiburón. Aquí, de nuevo, el principal problema no es la pesca de consumo, sino la pesca que se apoya en medidas financieras antes que político-sociales. De nuevo, la cuestión se visualiza desde una perspectiva, predominantemente, económica, y los mercados priman por encima de la naturaleza, la ética e incluso la ciencia.

A menudo, la tradición también juega un papel importante aquí. Y al igual que en tierra se sacrifican miles de animales por cuestiones históricas y religiosas (Olazábal, 2015), como en el festival del pueblo nepalí de Gadhimai, miles de japoneses se lanzan al mar contra las costas de Taiji (Psihoyos, 2009) y sus cetáceos, que sufren la violencia directa de la población mientras el mundo los condena junto a otras sangrientas festividades del norte de Europa, como la que también sucede, anualmente, en el Grindaboð (*staff* de RT, 2014) de las islas Feroe (Dinamarca). Ambas tiñen el mar del rojo de ballenas y delfines del Atlántico, y destiñen los corazones de grandes y pequeños por igual.

La idea de progreso debe estar revolviéndose en su tumba cuando a mediados de 1800 cazábamos ballenas para iluminar la noche y en el siglo XXI vamos hacia la desaparición del tiburón por una sopa.

## OLAS DE CAMBIO

Cuando nuestras acciones pasan de asegurar la supervivencia de una especie de treinta mil a treinta años quizá es buen momento para plantear cierto grado de activismo individual. Y no estoy hablando de una especie marina, ni de un ave o de un mamífero cualquiera. Estoy hablando de nosotros. De los seres humanos.

Por suerte, hoy somos más conscientes que nunca de las masacres que suceden a nuestro alrededor. Esto provoca dos actitudes completamente antagónicas entre sí: las de aquellos que desean cerrar con fuerza sus ojos y las de aquellos que ven en las acciones de otros la excusa para potenciar un cambio necesario.

A los segundos también les duelen los ojos tras mirar estupefactos, y se les revuelve el estómago ante las imágenes que se propagan por internet, en los diarios y en televisión, pero ya han entendido que eso no va a cambiar por mirar hacia otro lado. De nuevo, aquí no estamos hablando de comer o no comer la carne de los animales, sino de conocer, plantear e incluso pasar a la acción ante lo que consideramos injusto, cruel o poco ético.

No obstante, no todo son malas noticias. ONG como Greenpeace o WWF y otros grupos de presión consiguen, día a día, un mayor apoyo en su lucha; en este caso, un apoyo centrado en un modelo sostenible de pesca artesanal frente al industrial, un mayor número de reservas marinas, una conversión de la pesca industrial hacia un modelo sostenible y mucho más (Pilar, 2013).

La inversión para que estos cambios vean la luz es multimillonaria —en marzo de 2014 se cifraba en más de 3000 millones de euros— y, aun así, no es ni la mitad del presupuesto que el Estado español gasta en defensa: casi 6800 millones de euros (Fernández, 2013).

Parte de la solución llega al ver que mientras que hace muchos años que no nos ataca nadie —lo que no quiere decir que el gasto en defensa y en infraestructura militar no sea necesario—, hace cientos de años que dañamos nuestros ecosistemas y, aún peor, a nosotros mismos; de un modo tan directo como indirecto; tan indirecto como brutal.

El informe que presentó Greenpeace (Agudo, 2014) en enero de 2014 no solo afirmaba que eliminar totalmente la pesca industrial (que en España representa poco más de un 25%) crearía 60 000 empleos, sino que, además:

1. Favorecería la pesca artesanal, los ingresos de la misma y crearía la mitad de los puestos antes descritos.
2. Se ahorrarían 738 000 toneladas de $CO_2$ relacionadas con la pesca de altura mediante redes de arrastre.
3. Se protegerían las especies marinas autóctonas con cuarenta y nueve reservas marinas.
4. Se convertiría la pesca de altura en sostenible, limitando el número de embarcaciones que pueden practicar la primera.
5. Se ahorraría dinero en acuicultura, donde el pez criado en cautividad requiere de un gran número de pequeños peces salvajes.
6. Se reduciría la contaminación directa, se evitaría la sobreexplotación y se tomaría conciencia de las verdaderas necesidades del mar y sus especies.

Como hemos visto, ni los peces están tan alejados de nosotros ni nuestras acciones pueden quedar eternamente sin una contrapartida. La contaminación, la sobreexplotación y la crueldad con las especies marinas tienen un alto coste a múltiples niveles, y quizá, tras leer todo esto, podríamos dedicar un minuto a recordar que todos nosotros, antes o después, abandonamos el mar por la tierra, y aquellos que no lo hicieron no son culpables de nuestra estupidez colectiva.

# 5  ERES LO QUE COMES

*Todo el mundo desea saber, pero solo unos pocos están dispuestos a pagar el precio.*
Décimo Junio Juvenal (60-130)

*Auschwitz empieza dondequiera que alguien mira un matadero y piensa: son solo animales.*
Theodor Adorno (1903-1969)

Se trata de una de las frases más repetidas a lo largo de la historia. No importa que lo digas en español o en inglés. Suena bien de ambas formas. Eres lo que comes. *You are what you eat. Mens sana in corpore sano,* en el sentido actual, no en el que encontramos en las *Sátiras* de Juvenal.

La clave del bienestar es comer de forma saludable. ¿Pero comer qué? ¿De todo? Según Gillian McKeith, nutricionista, presentadora de televisión y escritora británica, la comida que ingerimos afecta a nuestro organismo a todos los niveles: energía, apetito, acumulación de grasa, deseo sexual…

La autora, quien defiende una dieta pescetarianista o semivegetariana, mantiene que tiene sentido comer pescado, pero no carne de origen animal. Todo ello se encuentra en *You Are What*

*You Eat: The Plan That Will Change Your Life* (McKeith, 2005), su obra principal, que acoge los principios de lo que se conoce actualmente como *vegequarianism* en medios ingleses.

La decisión sobre comer animales o productos de origen animal es, actualmente, personal, y los textos que acompañan a este y otros ensayos no tienen mayor pretensión que despertar tu interés por descubrir qué razones te empujan a decantarte por un extremo u otro, o por un término medio si lo prefieres.

Te adelanto que, hoy día, nadie tiene una verdad absoluta. Si así fuera, casi todos comeríamos carne o casi todos seríamos vegetarianos o veganos. Pero no debemos confundir una posición de statu quo ventajosa con una justificación.

Estamos comiendo cerdos, vacas y cabras porque somos más inteligentes que ellos y, en última instancia, porque podemos. Hacer algo porque tenemos la posibilidad de hacerlo no es bueno y no es una justificación. Por eso la mayoría de nosotros no matamos ni violamos a otras personas o animales, porque está mal o, como mínimo, lo consideramos éticamente reprobable como sociedad. Ahí se encuentra la línea entre la posibilidad y el deber.

Sin embargo, este ensayo se dirige hacia otros derroteros; simplemente no te has dado cuenta todavía, o muy probablemente no he dado los indicios suficientes en estas primeras páginas. Quizá te oliste algo cuando me puse a divagar sobre los peces y la necesidad de empatía con ellos, ¿no?

Bueno, te lo diré sin rodeos, ¿de acuerdo? Si somos lo que comemos, no somos más que cerdas inmovilizadas contra el suelo para amamantar a sus crías y cebadas sin ningún control; y terneras maltratadas física y psíquicamente. Somos frutas y verduras sulfatadas y hormonadas para acelerar su crecimiento y parecer bonitas antes que sabrosas y nutritivas, y peces, y ecosistemas marinos contaminados por mercurio, por plomo, por cadmio, por estaño, por zinc… y más.

Si somos lo que comemos somos sufrimiento, y miedo a la muerte, y a la tortura; somos huevos de gallina puestos a unos niveles de estrés desnaturalizados, y somos alimentación al margen de la naturaleza. Entérate: esto trata sobre ser bueno con la naturaleza, y entonces la naturaleza puede —y solo puede—, que sea buena con nosotros; pero los sacrificios a gran escala, la pesca sin control, la muerte en cadena, el uso del abuso…, eso y solo eso es lo que trae sufrimiento y muerte, y nos roba la dignidad como seres. ¿No es un castigo merecido? ¿A cuántos miles de millones de animales y otros seres vivos se la has robado tú?

En su momento di título a estos textos sin dificultad. No he dedicado un par de horas a resumir en una frase las ideas recopiladas y organizadas entre estas hojas. El título de estos ensayos brotó natural: *De cómo los animales viven y mueren*, porque de eso trata todo esto; y solo hay dos formas de vivir y de morir: ellos, nosotros, y todos, de un modo natural o de un modo no natural.

Nosotros, los humanos y nuestros ancestros, hemos matado de un modo natural a lo largo de la historia; más ético o menos ético, pero natural. Clavábamos las lanzas en los bisontes en las Grandes Llanuras de Norteamérica, cazábamos pequeñas presas en los verdes bosques mediterráneos o pescábamos en las costas del Índico, el Pacífico, el Atlántico, el Ártico y el Antártico. Hasta la revolución agrícola. A partir de la verdadera revolución agrícola[16], todo se ha desnaturalizado. No matamos ni morimos de un modo natural, porque tampoco vivimos de ese modo.

Antes de lanzar cualquier reivindicación animalista o simplemente ecologista deberíamos analizar nuestras formas de consu-

---

16 Hago referencia aquí a la llamada agricultura intensiva de mediados del siglo xx que vimos en el tercer capítulo.

mo a gran escala. ¿Cuándo en la historia de la humanidad se han consumido per cápita más de sesenta kilos de carne por persona cada año? Jamás. Jamás hasta las últimas décadas del siglo xx. Y existen países, como Estados Unidos, ¡donde se consume más del doble por habitante! (Murcia, s.f.; Heming y Chilonda, 2008).

Hagan referencia a todos los ciudadanos de un país o a la población total, y se reste o no a los sectores que no consumen en esas cantidades o, directamente, no consumen (bebés, niños, vegetarianos o veganos, por ejemplo), estas cifras arrojan datos dantescos. A estos, además, se suma otra pregunta: ¿cuándo en la historia de la humanidad se han destruido más de cien kilos de comida por persona y año?

Toca debatir. Aunque ya habrás visto que me he adelantado; y lo he hecho porque creo que el principal problema es que consideramos que estamos al margen de la naturaleza, o únicamente vinculados a ella desde una posición de superioridad.

Seamos o no intolerantes a la lactosa, y sea positiva o negativa la leche de otro mamífero en nuestra dieta, separamos a los terneros de su madre al nacer y los criamos con un sustituto de la leche de vaca, ¡y nos la bebemos nosotros! ¿Pero lo que bebemos no es acaso leche de vacas criadas sin leche de vaca?, ¿soy el único que ve completamente absurdo ese planteamiento? ¡Los únicos intereses que ahí se mueven son financieros!

En el caso de las vacas se llega hasta el límite, pues el consumo de pienso y no de hierba les impide generar vitamina $B_{12}$, y hay que administrarles complementos como los que toma la comunidad vegetariana y vegana para prescindir de la proteína animal[17].

---

17 En última instancia, los animales debemos obtener la vitamina $B_{12}$ directa o indirectamente de las bacterias; estas pueden habitar una sección del intestino que es distal a la sección donde es absorbida. Es por esto que los animales herbívoros han de obtener la $B_{12}$ de las bacterias alojadas en su rumen o, si se da la fermentación del material vegetal, en el epigaster, por ingestión de las heces cecotropas.

Cogemos una piara de cerdos y los cebamos durante dieciocho meses para poder venderlos más caros, encerrados, sin que puedan pastar ni comer hierba, ni algarrobas, etc., solo pienso; los cerdos sí maman de sus madres, porque no bebemos leche de cerdo, pero la madre está encerrada durante todo su embarazo en una jaula donde no puede darse ni tan siquiera la vuelta y, de nuevo, vuelve a estar encerrada durante los veintiocho días previos al destete. Área de cría, de destetado, de cebado… y son enviados por transporte al matadero, hacia una serie de situaciones horrorosas que son exactas a los pasillos de Auschwitz o Birkenau si cambiamos judíos por cerdos.

Y es que al margen de cualquier comparación es importante tener presente que el Tercer Reich adaptó la novísima maquinaría de las *schlachthaus*, los mataderos, para el exterminio sistémico de la comunidad judía y otras minorías, y el horror resultante de esto se ha mantenido por todo el mundo para los animales. Ahora, por vez primera aquí, es mi opinión, pero *los animales sienten y padecen*: he tenido pájaros, perros y gatos, he compartido mi tiempo con caballos, cerdos, vacas, peces y muchas otras especies, y nadie me negará que son seres vivos sintientes.

Ahora sé egoísta. No te hablo de comer o no comer animales, sino de si el sufrimiento de estos está justificado para sostener el consumo humano, y voy un paso más allá: plantéate lo que te estás comiendo en esos trozos de cuerpo (de cadáver, en honor a una verdad no aderezada). Te estás comiendo el miedo que muchos de ellos sufren, el maltrato por parte de sus *cuidadores*; el pánico que organizaciones como Libertad Animal, Igualdad Animal, Equanimal o Greenpeace han mostrado en cientos de documentales. Te estás comiendo la ejecución de una tortura sistémica, y el dolor. Estás comiendo dolor; y lo que es todavía peor, estás comiendo una estructura basada en el terror.

Un gran número de voces críticas afirman que es inconcebible que en el siglo XXI se mantenga el maltrato y el esclavismo animal como bases de la economía alimentaria en gran parte del globo; como ya te he dicho en reiteradas ocasiones, aquí mi planteamiento es otro.

No existen pruebas fiables sobre si el consumo de carne animal es necesario para nuestra supervivencia, pero sé que no quiero comer carne de granja industrial; y sé que no quiero pagar más dinero por productos ecológicos de todo tipo, que únicamente se amparan en la misma hipótesis; diciéndonos que si queremos productos supuestamente saludables para nosotros debemos pagar todavía más; y si no los queremos, somos cómplices de lo que la industria cárnica inflige a todos esos animales por una mera cuestión financiera: por dinero, y más dinero.

El problema de dejar todas estas cuestiones éticas bajo control financiero es que la economía global no sabe diferenciar el bien y el mal, así como tampoco reconoce cuándo existe una explotación excesiva de los recursos naturales.

Amparado en los datos que presentaba en el tercer capítulo, y al margen del maltrato individual y colectivo diario de millones de animales y de las ventajas o inconvenientes que las proteínas animales tienen, es vital implantar una mentalidad sostenible en este punto. Así como no nos planteamos que comer peces de pocos días o semanas de vida puede acabar con toda una especie, tampoco tenemos presente que el consumo abusivo de carne animal puede acabar con otros recursos.

Esta situación es todavía más grave a causa de su *invisibilidad*, puesto que el planteamiento inicial solo ve que podemos seguir criando animales domésticos para consumo humano, pero no todo lo que eso supone: billones de toneladas de pescado y litros y litros de agua potable para hacer pienso, contaminación energética, neocolonialismo, gasto energético de energías renovables y no renovables, y un largo etcétera.

Es un sistema que, por sí mismo, se autodestruye, y la falta de intervención por nuestra parte supone que él mismo se sostenga le pese a quien le pese: a países africanos subdesarrollados que tienen que enviar su producción agrícola para hacer pienso de animales de cría, a occidentales que se intoxican las arterias por un exceso de consumo de proteína animal, a miles de millones de animales que son sacrificados para un mercado que no consume en esas cantidades...

Y es que si hay algo sobre lo que podemos estar seguros es que el exceso de carne roja está directamente relacionado con enfermedades cardiovasculares, obstrucciones arteriales y una mayor propensión a problemas cerebrovasculares, así que lo cogeremos como ejemplo para este ensayo. Teniendo muy presente que aquí el problema radica en que para un vegetariano el consumo ideal de carne será cero y para alguien que siga una dieta mucho más carnívora, lógicamente, siempre será mayor.

Lo que es históricamente real es que durante siglos y milenios no hemos ingerido proteínas animales diariamente, y ni tan siquiera semanalmente. Y hoy día tampoco tenemos necesidad de hacerlo. Entonces, ¿por qué no hay un orden y un equilibrio lógico entre la cría, la caza y la pesca frente al consumo? De nuevo, no priman los intereses alimentarios o sociales, sino aquellos financieros a nivel geopolítico.

Del mismo modo, considerar que los medios científicos y no científicos están al margen del sector financiero y de los intereses comerciales es obviar la dimensión global que las formas de consumo moderno tienen a todos los niveles. Sin entrar en teorías conspiratorias, podríamos afirmar que, por regla general, la ciencia alcanza allí donde la economía lo permite.

Entonces, ¿cuál es la solución? Si bien no existe una respuesta real, su búsqueda empieza por comprender que esta no va a llegar completa del exterior o mediante una única vía (un estudio definitivo, por ejemplo), y así como existen agravantes y atenuantes éticos para la toma de decisiones, también pueden aparecer posibilidades o realidades que pesen más que otras.

Cuando nos planteamos las teorías basándonos en extremos e incluso en binomios: bueno y malo, blanco y negro, carne o verdura, perdemos de vista gran parte de los elementos, que quedan por el camino.

Este ensayo, por lo tanto, solo tiene como finalidad ver qué ventajas e inconvenientes tiene consumir proteína animal, y a continuación, amparado en numerosos estudios las planteo. Aquí, entramos en un punto de no-retorno, no obstante. Si podemos sustituir totalmente la carne y el pescado, tendremos que asumir que preferimos no hacerlo. Si, por el contrario, no podemos, todavía quedará replantear qué posibilidades existen de estructurar un modelo de consumo sostenible para nosotros y, sobre todo, para nuestros hijos y nuestros nietos.

La primera pregunta parece demasiado lógica aunque, muy a menudo, suele plantearse como una respuesta cuya pregunta nadie ha formulado: «Necesitamos proteína animal para estar sanos».

La explicación más simple nos dice que la evolución nos acercó hacia las prácticas carroñeras de carne (de lo que ya hablamos en el tercer capítulo, concretamente, en el apartado «Del estómago al cerebro»), nos permitió enviar más energía al cerebro y acortar el aparato digestivo (ley de Kleiber, 2014).

Así, a diferencia de otros primates, esto nos condujo hacia una dieta omnívora y no vegetariana, pues necesitábamos vitamina $B_{12}$ que, al contrario que otras especies, solo *podíamos* extraer de la carne y el pescado (proteína animal). Aun así, cabe señalar que los gorilas, por ejemplo, también suelen tener carencia de esta vitamina; para mantener esta necesidad a raya, comen hormigas, termitas y sus heces (bacterias).

Sin embargo, las necesidades de $B_{12}$ pueden sustituirse por complementos en la dieta vegana, y no suelen suponer carencias alimentarias en las dietas vegetarianas no estrictas (European Food Information Council, s.f.).

Durante muchos años, a través de una línea paralela, se extendió la idea de que la carne y el pescado son sustituibles por otros alimentos de origen vegetal que cuentan con esta vitamina; no obstante, más allá de los huevos, la leche y otros productos de origen animal, no existen estudios que hayan conseguido probar esta teoría.

Por lo tanto, la carne y el pescado no son sustituibles más que por complementos vitamínicos y, en gran medida, por derivados de origen animal (leche, huevos, etc.) y no está demostrado que otras fuentes que tradicionalmente se consideran como sustitutos funcionen; garbanzos, soja, quinua o nueces, por ejemplo, y si nos amparamos más en estudios científicos, ni tan siquiera algas comestibles como la clorela (*Chlorella*) y el laver (que corresponde al *nori*, en Japón) cuentan con estudios fiables que demuestren la actividad enzimática de la $B_{12}$ en humanos.

La mayoría de los veganos que se niegan por razones éticas o de salud a consumir proteína animal (carne y pescado) optan por complementos vitamínicos, si bien es muy raro que un vegetariano no estricto tenga carencias de $B_{12}$.

Para resumir esta idea, podríamos decir que «antiguamente se creía que algunas algas o alimentos fermentados eran ricos en $B_{12}$, sin embargo, los métodos modernos y diversos estudios con humanos sugieren que esto era debido a análogos de la vitamina o moléculas semejantes que nuestros cuerpos no utilizan y son inactivas» (*staff* de Igualdad Animal, s.f.).

En última instancia, lo que nuestro organismo necesita es ingerir proteínas y, en este caso, aprovechamos aquellas que otros animales han ingerido previamente (pastando y nutriéndose de alimentos de origen vegetal, como hacen las vacas y los cerdos); si bien está demostrado que podríamos modificar esta manera de consumo de forma total o mayoritaria: vegetales, quinua, seitán, lentejas y otras legumbres…

La ciencia es exacta en sus deducciones, pero también está en un constante cambio gracias al método analítico sobre el que se basa. Por eso, la actitud más lógica hasta obtener una opinión fundada debería ser evitar el abuso. ¿Es sano comer carne? ¿Es sano ser vegetariano o vegano? Podría decirte que sí, que es sano ser vegetariano o vegano, y que tener una dieta con mucha carne y pescado o directamente carnívora no parece tan recomendable, pero esto solo son unas cuantas palabras, y encontrarás muchas si miras la bibliografía de esta misma obra; quizá lo mejor es que empieces por abrir tu mente e informarte, que veas la estructura real detrás del supermercado, de la granja industrial y de todo el sector primario, y luego sí, luego sí te tocará decidir si es sostenible o si es o no es ético.

En resumen, y para simplificar las cosas, lo que un vegano repite constantemente a una persona que consume carne es que puede modificar toda su estructura de consumo y tomar un suplemento de cobalaminas (vitamina $B_{12}$), mientras que un vegetariano muy probablemente ni tan siquiera necesitará ese suplemento si ingiere productos de origen animal (huevos, leche, queso…). Por su parte, la proteína, en cambio, no parece ser una razón por sí misma, pues también se puede adquirir de productos de origen vegetal.

Asimismo, aunque a menudo obviada, queda pendiente la cuestión más importante de todas ellas, y sobre la que ya he enumerado algunos factores en realidad. La actitud del esquimal, o del cazador que aprovechará la carne de su presa, es la de un predador; y si bien es minoritaria hoy día, aquí quizá podamos dudar del medio, pero no de la existencia de un fin.

Cabe señalar, aun así, que la existencia de un fin —como ya dije— no hace que nuestras acciones sean buenas o éticas[18], pero sí suele dar cierto valor a las mismas dentro de un determinado contexto y de nuestro propio esquema mental. Por el contrario, la actitud de toda la sociedad occidental se basa en no mantener el más mínimo contacto con los animales que ingerimos o que utilizamos para sostener las formas actuales de consumo. Esto, que a priori puede parecer infinitamente ventajoso, es lo peor de todo.

Primero, porque no somos conscientes de que dependemos del sacrificio (obligado, evidentemente) de otro animal para nuestra subsistencia; segundo, porque paulatinamente crecemos y enseñamos a los nuestros que están por encima de la naturaleza (o al margen de la misma), lo que no solo los convierte en personas mucho menos comprometidas con el medio, sino más inútiles (¿cuántos sabrían cómo se cultivan tomates o lechugas o matar y desplumar a una gallina?), y tercero, nuestra inacción favorece las granjas y las industrias, y les permite colocar la rentabilidad por encima de todo: tanto en lo que respecta a las condiciones de vida de los animales (que afectan a su alimentación, enfermedades, modo de vida, uso de antibióticos y, sí, incluso a la inserción de transgénicos sin control también) como al uso de químicos y a su, ya inexistente, frescura.

Separar el producto (por usar un eufemismo habitual) del consumidor final ofrece mucho espacio para tomar decisiones que nos afectan a todos los niveles y de las que nunca sabre-

---

18 Esta afirmación se debe contextualizar siempre en un sentido ético aplicado a la filosofía.

mos nada en absoluto. Multiplica esa distancia entre productor y consumidor y trasládala a un panorama global, al que la regulación a menudo no lo alcanza, o se obvia intencionadamente. Ese es el mundo que hemos creado.

Frente a esto, han aparecido numerosas llamadas a la acción colectiva, entre las cuales destacan por encima de todo las políticas de no-consumo —sea por una filosofía vegetariana o vegana o por razones éticas o sanitarias— hasta el activismo o las ideologías de consumo sostenible o local.

Querer modificar la estructura del sistema financiero, a nivel local, nacional o global, es muy complicado y, a la vez, muy sencillo: se trata de un barómetro que mide oferta y demanda, que no puede ser rectificado internamente (desde el interior del sistema en sí), pero sí a través de agentes y medidas políticas, sociales e incluso intervencionistas (para mejorar o mantener el sistema, como la historia ha demostrado tras fuertes crisis capitalistas directamente relacionadas con un liberalismo económico total).

Una vez aquí, considero que toca posicionarse mínimamente. Así que voy a mojarme. Nos quedamos con que es bueno comer carne, y en vez de matar a un cerdo al año para cada familia, matamos a cien. Y a patos, y a vacas, y a cabras... Elegimos *siempre* exceso frente a defecto.

Elegimos la alteración colosal de un ecosistema frente a la modificación paulatina y moderada. Y la única razón por la que hacemos todo esto es porque el sistema nos obliga a través de una demanda cada vez mayor y una rentabilidad superpuesta; una vez aceptamos los modelos económicos y de consumo, no podemos producir menos tomates en un modelo de agricultura intensiva (colaboradores de Wikipedia, 2015), y tampoco podemos matar a menos cabras, cerdos y vacas.

No podemos (White, 2004). Si vas contra el sistema, este te destruirá (por lo menos, económicamente); hemos creado una rueda, nos hemos metido justo en el centro y ahora no podemos dejar de correr en su interior, en sus límites, en los límites que nosotros mismos nos hemos autoimpuesto. Eso sí, frente a ti hay un acantilado, por lo que quizá es mejor que nos peguemos una torta a que nos matemos intentando que la rueda deje de girar.

Nos encanta compararnos con predadores que desgarran las gargantas de sus víctimas por necesidad, pero obviamos intencionadamente que el león mata cuando tiene hambre, no para hacer subir los tipos de interés en el mercado porcino. Y decide matar, y mata. No obliga a un ave a tragar y tragar hasta que su hígado explota.

A estas alturas no tiene mucho sentido culpar a la gente de lo que la sociedad le ha legado generación tras generación durante milenios, ¿verdad? Podríamos buscar culpables, no obstante; podríamos criticar la pasividad actual en busca de un cambio, pero quizá sea momento de ser valientes, de analizar si está bien o está mal para el conjunto de la sociedad y pasar a la acción.

Si queremos avanzar con respecto a este tema, toca aceptar nuestros demonios. Es momento de concluir, con pruebas fundadas, si matar a otros animales es parte de nuestra naturaleza o no lo es. Si es natural, y es necesario, reestructuremos el sistema al margen del interés financiero; si no lo es, abolamos la estructura y busquemos, rápidamente, una alternativa lógica y funcional. Porque comer, cagar y morir vamos a seguir haciéndolo, año tras año.

Todo empieza por no comprar. Por comprar menos. Por crear, como bien definía José Mujica, presidente electo de Uruguay hasta finales del primer trimestre de 2015, un sistema que acoja una política de la sobriedad autoimpuesta, como en algún momento el «último héroe de la política», como lo denominó en 2013 el director serbio Emir Kusturica, decidió hacer en su casa y, en la medida de lo posible, trasladó a su gobierno. No podemos comer carne o pescado diariamente, y no debemos hacerlo si queremos vivir en armonía con la naturaleza.

Terminaré esta especie de ensayo confesando lo que ya debes saber ahora, y esperando que estas palabras no te separen de este libro, sino que te acerquen más a él y agradezcas aquí mi sinceridad. Desconozco si la ciencia puede arrojar una respuesta única y certera sobre si debemos comer o no comer los cuerpos de otros animales; y aunque tuviera esa respuesta, no creo que pudiera dártela, porque sería *mi* respuesta, pero puedo ver que hace muchas décadas que lo que hacemos dejó de ser natural.

Quizá por eso lo escondemos entre paredes de metal; en grandes granjas donde solo unos pocos de nosotros matan. Y por eso debemos buscar una solución real a este problema, y debemos hacerlo ya, porque el mañana nunca llega, siempre muere antes de alcanzarnos, hasta el día que no haya presente para pensar siquiera en eso.

# AVISO CENTRAL

Aprovecho el final del quinto capítulo de esta obra para realizar una serie de anotaciones. Como habrás comprobado, he intentado documentar, fundamentar y probar todo aquello que decía en los cinco primeros capítulos. Así, si bien la objetividad es algo muy difícil de alcanzar, he procurado que cada persona evalúe qué desea comer, qué siente ante los modelos de consumo actuales y por qué los modelos son los que son.

En otras palabras, hasta el momento esto ha sido lo más parecido a un texto científico que un tipo de letras puede conseguir; el lector o la lectora pueden estar de acuerdo o en completo desacuerdo con lo que yo afirmo y justifico, pero no sería lógico decirme que estoy intentando transmitir opiniones subjetivas o cuestiones sin fundamento.

A partir de aquí, no seguiremos las mismas reglas del juego. En los siguientes capítulos hablaré sobre la industria peletera, los zoológicos, los circos, las protectoras y las perreras, entre otros, y en este caso no considero prudente ocultar mi opinión al respecto.

Sobra decir, no obstante, que todo aquello que afirme estará, de nuevo, documentado; pero a partir de aquí, el tono, la forma y el fin es otro. En absoluto adoctrinar, pero sí presentar los temas siguientes desde mi perspectiva, a través de mis conocimientos al respecto y, a ser posible, de mi experiencia.

Por último, si tienes curiosidad sobre por qué no he hecho lo mismo desde el principio, te diré que no lo sé. Creo que los vegetarianos y los veganos llevan décadas criticando el modelo de consumo de un modo muy agresivo (como algunos exfumadores), y eso no ha funcionado. Por ello, quise probártelo de otra forma; de una forma distinta, menos rotunda y categórica; una fórmula que ya había utilizado la psicóloga estadounidense Melanie Joy en su asombroso *Por qué amamos a los perros, nos comemos a los cerdos y nos vestimos con las vacas* y, mucho antes, Peter Singer en *Liberación animal*.

# 6 VÍSTEME DESPACIO

*La moda no existe solo en los vestidos. La moda está
en el cielo, en la calle, la moda tiene que ver con las ideas,
la forma en que vivimos, lo que está sucediendo.*
Coco Chanel (1883-1971)

*La cuestión no es ¿pueden razonar?,
ni ¿pueden hablar?, sino ¿pueden sufrir?*
Jeremy Bentham (1748-1832)

Gabrielle Bonheur Chanel, más conocida como Coco Chanel, no debió utilizar esa frase pensando en la vida de los animales, o quizá sí: lo desconozco. Bajo mi punto de vista, la diseñadora veía la moda como una parte indisoluble de cada ser humano y de cualquier sociedad, y muy probablemente esa visión cosmológica intervino positivamente en su fama.

La concepción humana con respecto a los animales, a su vez, ha sido predominantemente utilitarista. Allí donde unas cuantas personas veían naturaleza, totalidad o belleza, la mayoría ha visto comida, ropa, lujo o beneficio. Este es el origen de dos ejemplos que sobreviven hasta la fecha: la moda y el espectáculo.

Hoy día existe una discusión larguísima sobre el uso de prendas de piel, en una época donde los tejidos sintéticos son mejores, más resistentes y éticos con la vida animal. Aquí, la exclusividad y el supuesto *glamour* o moda siguen dando trabajo a personas que crían y maltratan a cientos de miles de seres vivos como las chinchillas, los visones, los zorros y las focas y, en menor medida, también a perros y gatos en algunas partes del planeta.

Este mercado se sustenta bajo la única premisa de la exclusividad y, como posteriormente evaluaremos mediante datos, sin razón alguna al respecto. Al contrario que el consumo de proteína animal, no existe *ninguna* razón para criar, enjaular y utilizar la piel o la pluma de estos animales.

A su vez, el espectáculo cubre dos caras de la misma moneda: los circos (que también recogen otros tipos de espectáculos, como los acuáticos) y los zoológicos. La principal reivindicación del activismo actual con respecto a los circos con animales es que no solo se les priva de su entorno natural, sino que se les enseñan «trucos» y prácticas para diversión y entretenimiento de otros seres humanos sin tener en ningún momento presentes sus necesidades.

Los zoológicos, por el contrario, si bien intentan emular su entorno, a menudo ofrecen condiciones deplorables, como las que se descubrieron en 2014 en el zoo de Barcelona (Sierra, 2012) y en el de Luján, en Buenos Aires (Debesa, 2014), grandes ciudades que, por sentido común, deberían contar con espacios mucho más adaptados.

## ¡SOY EL ANIMAL DE MODA!

El animal de moda en el que nadie quiere pensar. Es el caso de las chinchillas, de los visones, de las focas peleteras, de los patos y de todos los animales que se utilizan para cubrir la demanda del mercado.

Al igual que otras formas de consumo, la peletería llegó a nosotros por necesidad, y se mantiene por tradición. Es difícil saber cuándo el hombre empezó a utilizar la piel y el pelo de otros animales para cubrir algunas de sus carencias (frío, comodidad, simbolismo...), pero la arqueología tiene constancia de que las primeras prácticas son prehistóricas.

Esta concepción utilitarista del animal *ha extinguido especies*[19] y ha llevado al límite a decenas, sino a otros cientos, siendo una de las principales críticas que lanzan constantemente los grupos animalistas de presión con respecto a felinos de gran tamaño, mustélidos (tejón, comadreja, marta, visón, etc.) y focas (como ocurrió con la masacre generalizada de focas peleteras a finales del siglo XIX).

Hoy se crían, se despellejan y se desplaman animales por moda; hace 10 000 años, por necesidad. Esto no es una crítica al sistema peletero, es un hecho. Somos conscientes de que podemos aprovechar tejidos sintéticos[20] de mayor calidad, resistencia y durabilidad (aunque estos parámetros siempre resultan parcialmente subjetivos); sin embargo, no lo hacemos.

En lo que respecta a las llamadas «prendas de piel», no obstante, el trato que se da a los animales en las fábricas y los testimonios que han surgido denunciando estas prácticas por toda Europa y Estados Unidos han provocado un diálogo social que, en algunos países, ha cristalizado en su prohibición, como en Austria, Reino Unido y Gales y, en otros, ha conseguido cambios reales.

---

19 Tres ejemplos de especies extintas a causa de la caza directamente relacionada con la actividad peletera son el visón de mar (*Neovison macrodon*), la garduña de Ibiza (*Martes foina*) y el zorro de las Maldivas (*Dusicyon australis*).
20 Para más información, recomiendo: McIntyre (2004).

Hubo un tiempo en el que vestíamos la piel de otros animales por necesidad; ahora tenemos la potestad de escoger prendas sintéticas frente a estas. Hoy existen la franela de algodón, las prendas acrílicas, el rayón, el poliéster y las microfibras que ya utilizamos diariamente; e incluso podemos plantear el uso de lana mediante la esquila si realmente tenemos la necesidad de prendas de este tipo en los meses que los animales menos necesitan su pelo (verano), lo que ya es decir mucho; manteniendo, en cualquier caso, un estricto control de las esquilas de los mismos (*staff* de Anima Naturalis, s.f.a) e intentando evitar cruces de animales que atiendan única y exclusivamente al interés comercial, y que, además, son profundamente dañinos para estas especies y sus descendientes: es el caso de la oveja Shrek (Emol, 2011) o de Shaun (Reuters Group Limited, 2014), cuyos ascendientes han sido, casi con toda probabilidad, cruzados sin control para obtener el máximo de lana posible.

La verdadera acción que debemos plantearnos aquí es la crítica: el análisis crítico. Si no hay necesidad de hacer sufrir a todos esos animales, ¿por qué lo hacemos? Páginas atrás, te decía que dejaba en tus manos la defensa o el ataque acerca del consumo de carne (y pescado); sin embargo, para mí tiene más sentido utilizar la piel de ese animal que ha muerto para el consumo alimentario, que criar visones o chinchillas para arrancarles la piel, ¿no crees?

Ahora, así como ya nos hemos acercado hasta las granjas y los mataderos, toca echar un ojo a estos centros de procesado de piel. Y si no te ves con fuerzas, pregúntate por qué. Vuelve a ser aquella realidad que creemos menos real porque no la tenemos frente a nosotros, ¿recuerdas?

## UNA PIEL POR VIDA

En la actualidad, España cuenta con treinta y ocho granjas de visón, donde mueren 400 000 de estos animales cada año. Las cifras a nivel global alcanzan unos 50 000 000 de visones (más de 130 000 animales cada día). Se crían en cautividad, se mantienen enjaulados y viven y mueren por su piel. Viven siete meses, hasta alcanzar su tamaño adulto, y mueren asfixiados con gas, en dos minutos. A continuación, se les arranca su piel; la mayoría ha muerto, pero a aquellos ejemplares que simplemente han quedado aturdidos se los despelleja vivos.

En 2010, el diario *El Mundo* abría una línea de investigación paralela a Igualdad Animal a través del artículo de la periodista Teresa Guerrero (2010) titulado «La dura vida del visón: de animal maltratado a abrigo». El cuerpo del texto hablaba de un documento aterrador, donde los animales viven en condiciones pésimas y donde la comunidad gallega representa ocho de cada diez de estas granjas.

La actitud de los responsables fue de negación frontal, según se podía leer. José Miguel Martín, que en 2010, era secretario de la OEEP (Organización Empresarial Española de Peletería) y hoy, cinco años después, ocupa un puesto gerencial y directivo de la misma, no solo negó y tildó de falsas las imágenes, sino que afirmó que «si esto fuera así, los inspectores tendrían que haberlo detectado», y rogó que no se generalizase.

Otros testimonios que no han alcanzado la opinión pública al mismo nivel, como el del exoperario gallego José Luis Calviño (Igualdad Animal, 2013), planteaban un día a día muy distinto, muy cercano a lo que las imágenes de las organizaciones de defensa mostraban: heridas, enfermedades, vida entre sus excrementos, estrés y canibalismo.

Ahora crucemos el Pacífico.

## TODO POR EL PELO

Los Andes. Siglo XVI. El pueblo chincha (Los Chinches) da nombre sin intención alguna a este pequeño roedor autóctono; la otra opción etimológica es un poco más escatológica, y deriva del olor (chinche, utilizado como acepción de «animal que huele mal») que la especie emite cuando se asusta, es decir, de forma similar a lo que hacen las mofetas.

A diferencia de los visones, la chinchilla ha sido cazada en su hábitat, la cordillera de los Andes, hasta casi su extinción, y en los últimos años se ha acompañado de una cría selectiva para el consumo.

La cría industrial se inició hace unos noventa años, cuando un ingeniero de minas norteamericano capturó once chinchillas que viajaron en 1923 hasta su patria. Hoy, California tiene el discutible honor de contar con la principal asociación de productores: Empress Chinchilla. En las fábricas de procesado de piel, que evidentemente no son más que otro tipo de mataderos, es necesario sacrificar a más de un centenar de estos animales para confeccionar un único abrigo.

Si bien los visones y las chinchillas son aquellas especies más conocidas y utilizadas, también es habitual el uso de piel de marta, foca, mapache, zorro y ardilla, y la lista continúa con nutrias, e incluso lobos y linces (Ansede, 2012), entre otros.

Cabe señalar que todo el sufrimiento de estos animales únicamente tiene una función económica y focalizada en un ideal de moda que pervive porque oculta e ignora todo lo que queda en la trastienda. La mayoría de ellos, además, no son animales que hayan sido domesticados para el consumo humano durante largos periodos de tiempo (vacas, cerdos, perros, gatos...), sino especies salvajes que no comprenden ni soportan la vida en cautiverio y, en menor medida, enjaulados y hacinados.

Zoólogos de la Universidad de Oxford que estudiaron visones en cautiverio llegaron hace más de una década a la conclusión siguiente: «Tras varias generaciones de visones criados en cautividad no se han desarrollado conductas domésticas» (Maison y Clarebrough, 2001). El estudio agregó que, evidentemente, existen ciertos indicadores que favorecen la domesticación de una especie animal, desde el trato y el contacto con el ser humano hasta cómo es esa relación, qué individuos han sido seleccionados y cuál ha sido el tiempo de exposición entre ambas especies (Granding y Deesing, 1998; Wilkins, Wrangham y Fitch, 2014). Aquí, la línea que trazamos limita la domesticación de una especie animal del puro esclavismo.

De igual modo, lo que en Finlandia ocurre con la piel de zorro, en todo Occidente con el visón y la chinchilla, e incluso a menor (que no pequeña) escala con las variedades rex y orylag de conejo, ocurre en China y el sureste asiático con los perros y los gatos «salvajes».

Si bien estas prácticas se han prohibido en la mayoría de países occidentales, y no se importa ni se consume carne ni piel de estas dos especies, deberíamos tratar de plantearnos por qué jamás permitiríamos que eso ocurriese con nuestros compañeros caninos y felinos, pero sí a especies cuya semejanza es del 99%, como los zorros o los conejos. Como ya planteé anteriormente, a caballo entre una hipótesis y una tesis, no es más que la importancia del contacto y la empatía que se deriva (capítulo 4, «Nos miran con ojos de besugo»).

No existe defensa posible para creer que las prácticas de la industria peletera son aceptables si se realizan con un visón o un zorro, pero son inmorales si la víctima es un perro. Esa visión es parcial, subjetiva y etnocentrista, y la ética debe ser global, objetiva y, como poco, universal (al nivel de ese cosmos al que cada cual se adhiere como cree conveniente).

Para terminar, querría que te planteases también la diferencia entre una actitud utilitarista y el capricho o la moda. Si crees que es legítimo el uso de la piel de vaca (cuero) en tu salón o en tus zapatillas de deporte, porque comes carne y pescado para conseguir todas las proteínas y vitaminas que no quieres obtener de fuentes de origen vegetal, mantienes un planteamiento coherente a priori; por el contrario, la cría o la captura de estos otros animales solo tiene una razón estética: vestir un abrigo en lugar de otro, usar un complemento muy caro que parte de la sociedad considera glamoroso, etc.

Ten presente que hay muchos otros casos, desde las muertes por electrocución genital en los zorros hasta las matanzas de perros chinos mediante golpes en el hocico (para no dañar la piel ni la carne); desde la caza de las crías de foca recién nacidas hasta el desuello de animales aún vivos.

Sí, algunas parecen de ciencia ficción; otras quizá se explican de forma tendenciosa por un medio u otro, y también las habrá que son reales. Cuando mi opinión queda entre dos aguas, suelo plantearme quién intenta ocultarme lo que sucede a mi alrededor y quién, simplemente, desea correr el velo de lo obvio. De nuevo se trata de saber, y actuar en consecuencia.

Con permiso, me apropio de una frase del polifacético modernista cubano José Martí: «Quien esconde por miedo su opinión, y como un crimen la oculta en el fondo del pecho, y con su ocultación favorece a los tiranos, es tan cobarde como el que en lo recio del combate vuelve grupas y abandona la lanza al enemigo».

## POR UN PUÑADO DE PLUMAS

Te confieso que había reservado unas cifras para el final de este capítulo, y entonces otra idea decidió migrar hasta mí. Quiero que sepas, no obstante, que un abrigo de piel requiere alrededor de 120 chinchillas adultas o una media de 60 visones o martas; o podemos cambiar estas cifras por otras especies que también se utilizan, como 8 focas adultas (o una veintena de bebés), 20 zorros, o perros, o unos 30 gatos.

Estas cifras son orientativas, evidentemente, porque nadie quiere decir cuántos animales asesina por prenda, aunque se cuentan por unidades y cada uno tiene un valor que no debe ser superior a los treinta euros actuales. Sin embargo, voy a cambiarte de tema de repente; así, sin previo aviso.

Plumas. Voy a hablarte de las plumas, eso que tienen los patos, los gansos y otras aves.

Y así como nosotros no sabemos cuántos visones hay en un abrigo, los trabajadores húngaros (Torres, 2009) que saltaron a la fama por su extrema crueldad (y velocidad) desplumando gansos tampoco saben ni cuántas aves despluman, ni cuántas matan al día.

Las plumas sirven para rellenar almohadas, nórdicos y abrigos, y por ello, en 2009, los grupos animalistas suecos se plantearon realizar un documental con cámaras ocultas para denunciar estas prácticas. Desde entonces, nada ha cambiado. «Los gansos blancos son seleccionados y desplumados hasta cuatro y cinco veces en sus cortas vidas», informaba Anima Naturalis en un breve artículo dedicado a la triste vida de estas aves (*staff* de Anima Naturalis, s.f.b). Un proceso que, al igual que ocurre con las prendas de piel, obvia los tejidos sintéticos que también sirven perfectamente para calentarse, y aleja la atención de qué y de cómo se lleva a cabo la práctica para obtener las plumas.

La práctica consiste en atar las patas de los gansos a una máquina para inmovilizarlos y arrancar sus plumas una a una. Al terminar, el ave se deja viva hasta el día que no vuelva a generar su pluma o cuando el coste de calentar a las aves desplumadas sea más elevado que el precio de su pelaje.

El animal siente un dolor atroz, evidentemente, puesto que las plumas están conectadas a receptores del dolor, a fibras sensoriales y a músculos; y están condenados y condenadas a ello, una y otra vez.

Sin embargo, quizá el mayor problema es que vuelve a ser una práctica centrada en el mercado y que, fácilmente, podría no solo ilegalizarse, sino sustituirse; puesto que si bien mucha gente no quiere dejar de comer carne o pescado, parece bastante absurdo tener la necesidad de dormir con una almohada o un edredón de plumas o utilizar un abrigo de marca Monterrey cuya única diferencia es el material de relleno, y no la comodidad, la textura, la capacidad térmica o cualquier otra característica útil. Hasta el punto que podríamos considerarla una filia extraña y bastante egoísta, ¿no crees?

Aquí, estarás de acuerdo en que, del mismo modo que ha ocurrido con otros animales, la concienciación y la capacidad de un diálogo útil, ético y social son condición *sine qua non* para dar una solución real. Nosotros hemos creado las reglas del mercado, pero no podemos cambiarlas de forma individual; sí colectiva.

Por esta razón, la cría y la obtención de la lana de Angora (que pertenecía a sus respectivos conejos de Angora) se ha puesto en entredicho a inicios de 2015 (Divinity, 2015), y muchas grandes marcas han prescindido de su producción (en especial, el grupo Inditex).

PETA, de un modo activo, ha sido quien ha forzado el cambio, enfatizando en el hecho de que no existe ningún tipo de legislación en China contra el maltrato animal y denunciando prácticas diarias de los operarios como arrancar el pelo a los conejos vivos (Mucha, 2012) con un fin similar al desplume de los gansos en Rumanía.

Toca preguntarse, de nuevo: ¿existe una diferencia real entre conejos y gansos? ¿Tenemos potestad para decidir, ya no solo sobre la vida y la muerte de estos, sino sobre su sufrimiento y sobre un uso tan innecesario como complementario en nuestras vidas? Y toca preguntárselo, porque es un problema social: es un problema de todos (*staff* de Anima Naturalis, s.f.c).

## EL ZOO Y EL CIRCO COMO ARQUETIPOS SOCIALES: LA LIBERTAD ROBADA

Seguro que a estas alturas te estás preguntando si no hay nada bien hecho a nuestro alrededor, e imagino que al leer el título de este apartado tampoco tienes grandes esperanzas de que la lectura sobre zoológicos, parques zoológicos, zoos o casas de fieras (*menagerie*, en inglés), como se denominaron tras la inauguración del zoo de Londres en 1828, no sea crítica.

No obstante, empezaré diciendo que a mí, personalmente, en la mayoría de los casos me parece el menor de los problemas. No quiere esto decir que esté de acuerdo con privar de libertad a un gran número de especies animales con el objetivo de ganar dinero (que es el fin último de estos centros), pero sí considero que existen a nuestro alrededor situaciones mucho más gravosas contra las que debemos cargar.

Al fin y al cabo, los zoológicos[21] a escala global afectan al funcionamiento natural de nuestro planeta en una dimensión muy pequeña; de este modo, más que por una contribución positiva, podríamos leer en su escasa alteración del medio (con muchísimas reservas) una respuesta a su pervivencia.

La realidad, sin embargo, es que es nuestra obligación devolver el orden natural a los ecosistemas, pues somos nosotros quienes, históricamente, hemos producido esa alteración, y quizá recordar que aunque la afectación sea menor o menos gravosa que en la caza, la industria cárnica o la peletera, no deberíamos olvidar las palabras de Edgar Kupfer-Koberwitz, quien sufrió de la crueldad nazi en el campo de exterminio de Dachau (Múnich, Alemania): «Mientras haya animales esclavos, habrá humanos esclavos también, porque la esclavitud se practica a mayor y menor escala».

Parafraseando uno de sus textos más trascendentes (Kupfer-Koberwitz, s.f.), la esclavitud y la muerte que imprimimos en los animales, por considerarlos más pequeños —física y moralmente—, vuelve a nosotros. No habrá vida plena para nosotros mientras haya desigualdad para ellos. Desigualdad que, en la mayoría de los casos, confluye en sus muertes.

Y los seres humanos morimos de muchos modos a lo largo de nuestras vidas; podemos morir de tristeza, de soledad, de ausencia de libertad e incluso de falta de humanidad... Y quizá, sin embargo, una de las peores formas siga siendo esta última, esa que se fundamenta en cómo arrebatamos a los animales su propia capacidad de ser animales entre barras, zanjas y barrotes.

---

21 Si bien utilizo aquí la palabra «zoológico», es necesario aplicar esta idea también a oceanarios, acuarios y cualquier centro en el que se priva a los animales de libertad o se les extrae de su hábitat. Dos excepciones serían los centros de recuperación animal y las reservas naturales.

## ORIGEN Y SENTIDO, SI LO HUBO

El primer zoo del que se tiene constancia nació en Viena en 1765 y, pocos años después, surgió el zoo de Londres (1828); más concretamente, en Regent's Park, entre Westminster y Candem. A partir de estos primeros centros, otras ciudades europeas y norteamericanas empezaron a abrir espacios similares: París, Nueva York, Tokio, Matecaña, Cali, etc.

Su origen, como se puede rastrear sin dificultad, se remonta a las primeras colecciones privadas de las que se tiene constancia en imperios milenarios como el egipcio o el chino (Kisling, 2001), y cualquier obra documental o trabajo de calidad sobre este tema permitirá una lectura más provechosa que mis escuetas explicaciones sobre ello.

Si tengo que compartir mi punto de vista, diría que las colecciones de animales y, sobre todo, de animales exóticos han sido una tradición que tenemos hoy, y teníamos hace 3000 años (al fin y al cabo, somos los mismos, y como también ocurrió en el pasado, simplemente nos creemos mucho más evolucionados que nuestros padres o abuelos), y amparados en esta tradición y en la imposibilidad de mantener colecciones privadas de animales en ciudades cada vez más urbanizadas, nacen los zoos.

El zoo, a partir de 1828 acoge una dimensión científica —más allá de la mera función expositiva— y de cría en cautividad muy relacionada con la extinción de muchas especies a través de la caza. El estudio, junto con otros acuerdos propuestos y aceptados por expertos, activistas y centros, recoge, a posteriori, la idea de recreación, educación y conservación.

En otras palabras, hoy un zoológico no solo debe ofrecer un entorno adecuado y natural para esos animales, sino que debe servir para conservar a las especies en peligro de extinción (o extintas en libertad), investigar sobre la vida animal y educar a la sociedad en el trato adecuado y la conservación de la naturaleza.

La controversia llega a nosotros cuando, cuanto más se investiga, más se observa que se puede emular un pequeño espacio similar a bosques, selvas o sabanas, pero no se puede ofrecer libertad en cautiverio. De este modo, las principales críticas al sistema es que animales terrestres y marinos pierden sus instintos de supervivencia (alimentación, caza, reproducción…), pierden el miedo a los humanos (impidiendo su reintroducción en los hábitats de los que proceden) y sufren.

Del mismo modo, otro de los argumentos tradicionales, el estudio científico, cae a medida que se comprueba que los animales en cautividad adquieren comportamientos y patologías (estereotipias) que nada tienen que ver con su conducta en libertad.

Así, la educación y la conservación solo se comprenden en la medida en que especies en peligro son enviadas a centros de recuperación (y se acompañan de otras políticas como, por ejemplo, contra la caza furtiva) y se comprueba que no tiene sentido intentar educar en el trato ético de los animales a través del maltrato sistematizado.

Ahora, como lector o lectora, puede que te haya liado, ¿verdad? Si los parques zoológicos tienen tantas cosas negativas habría que luchar para cerrarlos todos, ¿no? Entramos a continuación en planteamientos éticos, pero ya te adelanto que si bien mi opinión es afirmativa, también añado un *depende* por ahí en medio.

### TENÍA BUENAS INTENCIONES…

¿Podríamos comparar la gravedad de las prácticas que ocurren en un zoo que actúa buscando algún tipo de beneficio para los animales y una fábrica de piel? No, ¿verdad? El nivel de gravedad de los hechos hace que algunas cosas no resulten comparables; en este caso, como ocurre en un juicio, existen atenuantes y agravantes.

Los zoológicos mantienen una infraestructura con un fin económico, lo que, siempre que no vaya directamente relacionado con el cuidado y la atención de los animales, ofrece una situación gravosa. Dicho de otro modo, la estructura de prioridades que debería mantener un parque zoológico o cualquier otro centro (un oceanográfico, por ejemplo) debería hacer que primase, por delante de cualquier otro baremo, la adecuada conservación de los ejemplares y de todas las especies que allí conviven; y, a posteriori, que atendiese a labores de financiación o de otros tipos. Esto no solo es así muy pocas veces, sino que, a menudo, parece que los animales sean la última preocupación de los equipos que dirigen un zoológico.

Así, en zoológicos de grandes ciudades que ya se han citado en este capítulo —y aclaro que tampoco son comparables entre sí—, como el de Barcelona o el zoo privado de Luján (Buenos Aires, Argentina), los animales viven en condiciones pésimas. ¿Pero cuál es la alternativa? ¿Crear una reserva natural y dejarles libres? De nuevo, depende.

No me entiendas mal: sí, es lo ideal, pero tampoco podemos frivolizar con este tema. Para entendernos, hay que tener presente que muchísimos animales han nacido en cautividad, por lo que su sociabilización con miembros de su especie a menudo ya es problemática (por espacio, por pocos individuos con los que mantener contacto, y por conductas poco naturales o relación directa y constante con seres humanos, por ejemplo), lo que hace que ofrecerles vida en libertad sea sinónimo de falta de adaptación, y muerte.

Por ello, una política de protección animal seria debería tener presente cuál es el camino más beneficioso para poder clausurar zoos y, o bien reconvertir los mismos en reservas naturales (especies en peligro de extinción, amenazadas, etc.), o bien reintroducir a esos animales, con garantías, en sus hábitats.

Sin embargo, actualmente, con la información con la que contamos, la presión mediática, la conciencia de colectivos de activistas y un gran número de estudios, la única forma de comprender la permanencia del modelo tradicional de zoológico o la creación de nuevos centros es mediante la costumbre, el hábito y la historia; es decir, el pasado.

Los parques zoológicos y todo tipo de centros suscritos, delfinarios, oceanarios y cualquier modelo de negocio basado en jaulas y peceras grandes, deben tener presente que el modelo económico lógico es la reconversión de su negocio, y el modelo ético debe guiarlo.

## CAUSAS Y CONSECUENCIAS

*Después de 97 días, dejó de llevar la cuenta.*
George Adamson (1906-1989)

Cuanto más estudiamos, mayor contacto directo mantenemos con animales salvajes, más hablamos sobre ello y mayor tiempo seguimos perpetuando el modelo de la casa de fieras, más claro se ve que esto no tiene sentido a largo plazo. Todavía más cuando nos centramos en los cambios y las mejoras tanto a nivel científico como educativo y social (Mumbrú, 2015).

Lo que hemos visto es que si los zoológicos son conscientes de ello, sus intenciones tienen un valor. De igual modo que uno puede salvar a un pájaro y enjaularlo para que no le ocurra nada y, más adelante, ser consciente de que no se está favoreciendo la vida de esa especie, pues no puede sobrevivir en cautividad.

Pese a la afectación que la mano del hombre (o nuestra mano si se da el caso) ha tenido en ese animal, nuestras intenciones eran buenas, y a nivel ético y social, nuestra sociedad ve eso como un atenuante e incluso como una justificación de la acción.

Siempre que los zoos sigan este mismo razonamiento, considero que es lógico ofrecer un camino y, a diferencia de una lucha directa por la extinción de su modelo, ofrecer una adaptación paulatina del mismo en beneficio, primero, de los mismos animales (reintegración) y, segundo, de los modelos tradicionales de financiación y mercadeo de sus industrias.

Por el contrario, no parece lógico permitir políticas que siguen dañando y desnaturalizando la conducta animal, como ocurre, por ejemplo, en el zoo de Luján (Latina Televisión, 2014), que ha sido blanco de las críticas a nivel internacional por la total domesticación de grandes felinos, desafiando todas las reglas de la naturaleza, como suelen vender la experiencia, y haciendo que los animales no puedan ni tan siquiera mantener un atisbo de sus instintos.

Un camino peligrosísimo que recorrieron a la inversa los compañeros de Christian, el león (los australianos John Rendall y Anthony *Ace* Bourke), quienes adquirieron el cachorro en los almacenes Harrods (Londres, Reino Unido), en 1969, cuando todavía existía el comercio de animales exóticos (Bourke y Rendall, 2009). Poco tiempo más tarde, fueron ellos mismos quienes vieron que no podían mantener a su amigo en la ciudad, y pidieron ayuda al conservacionista George Adamson, quien reintrodujo a Christian (Born Free Foundation, 2008) en el Parque Nacional de Kora (Kenia).

Hoy es necesario penar estas prácticas que van contra natura por una razón obvia: no pueden proliferar. En un periodo donde la concienciación, así como el respeto a la flora y la fauna, es cada día mayor, permitir que existan zoológicos que mantengan a seres vivos en condiciones pésimas y/o antinaturales no solo perpetúa un modelo inmoral contra el que la mayoría de nosotros luchamos sino que, además, lleva a una falta de educación completa, que obvia todo lo que, como sociedad, sabemos de ciencia, de etología (psicología animal) y de convivencia con otras especies.

En sociedad, no podemos avanzar dos pasos y retroceder tres por no aplicar una política de respeto en todos los campos. Por ello, la actuación debe ser global, y este respeto y cuidado no puede estar limitado a equis niveles por culpa de intereses privados que, fundamentalmente, siempre son económicos.

## COMPRENDER LAS CONSECUENCIAS

Finalmente, me gustaría cerrar este apartado asegurándome de que me he explicado adecuadamente. Veo en este texto un diálogo que intento abrir contigo, y con otros lectores y lectoras, pero no me gustaría que se perdiese de vista el objetivo de un capítulo como este.

Si bien estamos de acuerdo en que no es lo mismo arrancar las plumas a un animal vivo que mantenerlo encerrado o sociabilizarlo con seres humanos (no es igual de cruel, ni de negativo ni de mortal), sí que tenemos la responsabilidad de obligar a los zoológicos a que accedan a ser parte de este cambio.

Si el zoo de Luján —por ser el exponente más gravoso— no tiene ningún interés en cambiar, paulatinamente, su política, no es más que una colección privada con ánimo de lucro. Una colección privada en manos de personal no cualificado que no comprende (o no le importa) que el contacto entre animales y personas puede domesticar y hacer dependiente de nosotros a especies salvajes; algo que, en menor o mayor medida, ocurre en todos los zoos e incluso en reservas naturales que *jamás* podrán devolver al ejemplar todas sus capacidades de vida en libertad.

Si tienes voluntad de entender este tipo de problemas te ayudará ver lo complejo e incluso improbable que es conseguir que animales en cautividad sean reintegrados en sus hábitats. Los centros de recuperación de primates son un ejemplo clarísimo, pero lo mismo ocurre con grandes felinos, con aves y con cualquier especie. No tienes más que imaginarte a Tarzán, pero a la inversa y a nivel masivo.

## LAS DOS CARAS DE LA MONEDA: EL CIRCO Y LOS ESPECTÁCULOS CON ANIMALES

En un primer momento, había decidido hablar a través de las mismas líneas sobre los zoológicos y los circos, pero consideré que no era justo. La mayoría de los zoos tienen, en mayor o menor medida, esa primera intención de readaptarse: los circos no.

Los circos de animales existen para lucrarse, y al igual que cualquier otro espectáculo con animales, ignoran totalmente la conducta natural de los mismos, obligándolos a vivir en condiciones de vida precarias y que desatienden e incluso desconocen las necesidades de la mayoría de especies.

Son centros que funcionan a través de un único motor, la economía, y está probado que, tradicionalmente, se han dedicado a amansar, que no domesticar, con violencia y malos tratos a estos animales (Domar no es domesticar, s.f.), cambiando totalmente sus patrones de conducta y manteniéndolos por una mera concepción utilitarista y especista.

En la actualidad, el estímulo positivo (premiar cuando el animal realiza la conducta deseada y restringir totalmente los castigos con los que se conseguía que actuasen por miedo) ha restado polémica a los entrenamientos en sí, pero ni todos los circos mantienen la misma política que el Ringling Brothers o la Asociación Europea de Circos, ni el hecho de domesticar animales salvajes sin violencia exime a los responsables de seguir manteniéndolos en cautiverio con todo lo que ello supone: un modo de vida antinatural y, todavía peor, el hecho de seguir alentando el tráfico o la cría de animales salvajes para su explotación comercial.

Por ello, en España, 185 municipios han prohibido los circos de animales (*staff* de Anima Naturalis, s.f.d), pues consideran que es sinónimo de diferentes tipos de maltrato y no quieren contribuir a este. Sin embargo, cabe señalar que 103 de los mismos pertenecen a Cataluña, y un gran número se ubica en Baleares, Andalucía y Euskadi.

Lógicamente, el sector circense especializado en estas prácticas está totalmente en contra y una de sus principales defensas frente a estas prohibiciones es la premisa de que un circo de calidad *utiliza* animales.

De igual modo, este argumento no es unívoco, y también hay muchos profesionales del circo y relacionados que abogan por una mayor regulación. Aquí la discusión es ética y asienta sus bases en las posibilidades que existen de domar y domesticar animales, en lo ético de esta práctica y en las numerosas vertientes morales que se derivan (Nichols, 2011; *staff* de Europa Press, 2009; Méndez, s.f.).

En abril de 2014, frente a la prohibición de los circos en todo el territorio catalán, RTVE (2014), en su programa *El escarabajo verde*, ofrecía el documental «Animales de circo. En la cuerda floja». Una cuerda que muchos consideramos que debe cortarse.

## LOS CENTROS DE RECUPERACIÓN

Al contrario de los negocios que buscan un fin económico a través de los animales, las reservas naturales y los centros de recuperación luchan por la reintegración de estos en su entorno natural. A menudo, esto es directamente imposible, debido al contacto prolongado con seres humanos, a la escasa sociabilización de un individuo y a otros problemas de comportamiento relacionados con su vida anterior.

En el caso de los centros de recuperación de primates como la Fundación Mona[22] (en Gerona) o Rainfer[23] (en Madrid), que han conseguido adaptar a decenas de primates a su nuevo entorno de forma permanente, los chimpancés y los macacos (las dos especies más comunes allí) son rescatados de circos y colecciones privadas en su mayoría, y el equipo debe asumir con sensación agridulce que «no hay ninguna posibilidad de que puedan reintegrarse en su hábitat».

Los principales motivos son una exposición prolongada a los seres humanos y a las zonas urbanas, lo que exige que tengan que vivir en instalaciones especializadas con otros primates que han sufrido tanto o más que ellos.

Por esta razón, cuando citaba la función de los zoológicos, líneas atrás, remarcaba la importancia de minimizar el impacto de los mismos (y en mayor medida, de los circos y otros espectáculos con animales). El impacto directo de los zoos es la domesticación (paulatina) de los animales, en mayor o menor

---

22 Para conocer el trabajo que la Fundación Mona realiza en Gerona, puedes visitar su página web: http://fundacionmona.org
23 Lo mismo es aplicable a Rainfer, en Madrid: http://rainfer.com

medida y, de algún modo, la pérdida de buena parte de su naturaleza animal.

No quiere esto decir que los animales no mantengan sus instintos: fueron necesarios miles de años, y la voluntad de ambas especies, para la domesticación de perros y gatos, y nadie debería sorprenderse de que un chimpancé arrancase el brazo a un hombre adulto, o de que un león del zoo de Luján, antes citado, devorase de improviso a un visitante que se acerque a él.

Evidentemente, los animales en cautividad universalizan más rápidamente esas nuevas conductas que nada tienen que ver con su naturaleza primera y, cuanto mayor es el nivel de exposición, más rápido es el proceso. Pero ello no es positivo a corto plazo, y resulta desastroso a medio y largo plazo.

## CONEJILLOS DE INDIAS O CABEZAS DE TURCO

Se dice que la expresión «cabeza de turco» proviene de una práctica cruel que se remonta a las Cruzadas. Por aquel entonces, cuando un turco era muerto en batalla, los cristianos seccionaban su cabeza y la exhibían como trofeo. El porqué estaba directamente relacionado con que los turcos eran el origen de todos los males (guerra, hambruna, enfermedad…) y, de este modo, la cabeza colgada en algún lugar visible servía como «objeto» al que culpar de todas las penurias.

Además, esta curiosa historia —no muy bonita, para qué engañarnos— tiene una procedencia medianamente relacionada con la expresión «conejillo de indias», que nos legan las cobayas utilizadas para experimentos de todo tipo.

Siglos atrás, nadie en su sano juicio habría utilizado la expresión «cabeza de turco» para referirse a esas vidas de laboratorio que esclaviza para sus fines la industria médica, pero también la militar, la cosmética o la tabaquera. Hoy, muchísimas personas ven totalmente ilícito utilizar animales para testar productos de consumo diario por vía oral o dermal, en el menor de los casos, y como armamento bacteriológico o pruebas científico-médicas.

Ante todo, vaya por delante que si bien mi intención última es ofrecer una visión general sobre esta cuestión —que, por su relevancia y actualidad (Mellado, 2014), he considerado que debía estar en algún punto de este texto—, no haré uso de explicaciones excesivamente técnicas, ya que no dispongo de los conocimientos científicos necesarios.

Así, quiero hacer un primer ejercicio de sinceridad aquí, puesto que no será extraño que me apoye en opiniones fundadas de terceros en mayor medida y que, quizá, omita por error alguna cuestión relevante al respecto.

De cualquier modo, creo que el apartado que aquí da inicio está lo suficientemente fundado para que la línea expositiva que se deriva sea criticada mediante pruebas y otras opiniones fundamentadas y no se recurra a ese recurso tan manido de la dialéctica de atacar las opiniones del otro por quién es (o quién creemos que es), y no por lo que dice.

La vivisección —término aplicado a cualquier tipo de experimentación con animales no humanos— se mueve entre el sistema educativo (disección de ranas en muchas aulas), experimentos frívolos que en absoluto mejoran la salud humana y un tercer tipo de pruebas, de las que hablaremos de inmediato, y que, a priori, suponen una evolución científica y una actualización de conocimientos.

Los dos primeros casos hoy no tienen sentido. En especial, tras la Declaración de los Derechos del Animal (Bruselas, 1981), tanto por la falta de una necesidad real de capturar ranas vivas y diseccionarlas en un aula como por la crueldad intrínseca en el proceso (*staff* de Anima Naturalis, s.f.e). Y esto evidentemente solo es un ejemplo.

Del mismo modo, estarás de acuerdo en que la medicina y la veterinaria han avanzado *sin* necesidad de realizar pruebas no éticas, e incluso en el caso de que estas pudiesen acelerar los procesos médicos, la mayoría de las personas con capacidad de decisión no desean un mundo donde el avance se produzca a través del sufrimiento de terceros, sean seres humanos u otros animales.

La realidad, sin embargo, es que las prácticas que mayor repercusión mediática han obtenido son las más minoritarias; en concreto, aquellas que no superan un 33% del total de los experimentos y están relacionadas con los denominados «estudios biológicos fundamentales» (es decir, de cariz científico), mientras que el 66% restante, para entendernos, se pasa el día envenenando ratas[24].

La exageración anterior recoge no obstante una idea fundamental, puesto que la mayoría de estos experimentos están relacionados con el testeo de toxina botulínica (botox), químicos, aditivos o pruebas de toxicidad (*staff* de Anima Naturalis, s.f.f), entre otros. Con respecto a estos experimentos, ocho de cada diez ciudadanos de la Unión Europea (The European Coalition to End Animal Experiments, 2015) preferirían eliminar este tipo de pruebas, puesto que el impacto animal frente al beneficio no solo parece dudoso en una relación causa-efecto, sino que implica grandes niveles de amoralidad o falta de ética.

Llegamos ahora a la tercera práctica-tipo, la práctica o experimentación en animales y la aplicación del criterio resultan-

---

[24] Para más información sobre este tema, recomiendo consultar la página web de la Fundación Altarriba y su FAQ sobre la vivisección: *staff* de Fundación Altarriba (2003-2006).

te (extrapolación) en la medicina. Como resultado, la historia de la humanidad ha hecho sufrir a animales para alcanzar conclusiones que luego han resultado erróneas al aplicar en humanos o universalizar su uso en estos; así apareció el calmante conocido como talidomida (12 000 casos de malformación grave en Europa), el opreno para combatir la artritis (61 muertos y 3500 casos de gravedad), el teroptren contra la leucemia infantil (que aceleró sus muertes) o el cloranfenicol (de efectos distintos en animales, y que provocó un número indeterminado de anemias mortales en humanos).

Estas son solo algunas de las consecuencias, y más allá de una lectura ética, también podemos invertir en una lectura práctica. En ella veríamos que la mayoría de las transposiciones (aplicaciones de aquello aprendido en animales y utilizado en humanos) en relación a la experimentación animal son negativas, y sobre todo, no son un camino único y, a menudo, ni tan siquiera un atajo; la experimentación con animales ofrece, muy a menudo, respuestas diferentes entre sus organismos y el humano: lo que es positivo para una rata, no tiene por qué serlo para un pájaro o un perro.

Del mismo modo, muchos científicos afirman que la reacción metabólica entre contraer una enfermedad por causas naturales y su inducción no solo ofrece resultados diferentes, sino que mantiene una relación directa y engañosa con los diferentes organismos animales.

El porqué, en cambio, es sencillo: su precio. A corto y medio plazo, la experimentación con animales es más rentable económicamente (*staff* de People for Ethical Living, 2015; ProCon, 2015), razón por la que se mantienen estos métodos, y lo que es más importante, tras las muertes humanas, los testeos en animales siguen siendo el perfecto conejillo de indias; aunque como avanzaba al inicio, empiezan a considerarse cabezas de turco. Eso es, ante todo, positivo, pues también hubo un día en el que la cabeza de un turco no era humana, ni sentía, ni tenía derecho a la vida; y poco a poco, se convirtió en un igual para los cristianos.

En resumen, la experimentación con animales termina en el momento en el que la tradición (y los errores sistemáticos que se derivan de ella) se venga abajo. O que la ética supere, por primera vez, a la ciencia, o como mínimo a la economía.

¿Utópico? Bueno, ya veremos.

## VIDA DE PERROS

Encerrados y sin recursos. Abandonados, renunciados, nacidos en la calle... La vida entre rejas no es mejor para los perros, y los perros nunca han tenido buena vida. Quizá por su fidelidad, o su nobleza; actitudes que poseen y ejemplifican todos ellos y, por otro lado, que ninguno de ellos llegará a comprender. Si hay una especie que vive y muere por nosotros, son los perros.

Este es un apartado inventado, y metido con calzador. Un apartado que no iba a existir porque, diariamente, se realizan muchos más esfuerzos que aquel con el que yo puedo apoyar a través de unas líneas.

Sin embargo, no sería justo, pues todas y cada una de las líneas que lo preceden y que continúan a partir de aquí están planteadas en función de la vida y la muerte de mis perros y mis gatos. No tendría sentido obviar este detalle, así como no podemos seguir eludiendo el hecho de que decidimos compartir la vida con perros y gatos y, día a día, tomamos esa decisión para cambiar de opinión de improviso y abandonarlos a su suerte.

En el mundo se conoce a España por su crueldad con (y contra) los animales. Y quizá autores como Eric Schlosser, Michael Pollan o Dave Grossman no necesiten dedicar un capítulo de sus textos a la vida y a la muerte de los perros y los gatos, pero yo sí. Porque yo nací en Barcelona, cuando había toros muriendo agónicos en Las Arenas y la Monumental —un tema aquí no tratado en detalle—, cuando cientos de perros y gatos exhalaban su último aliento en la calle; cuando las madres todavía no querían pensar en qué ocurría cuando te quitaban un cachorro de entre las manos y lo dejaban caer en la perrera, y donde, todavía hoy, pocas personas quieren saber qué comen, qué ocurre a los pies de Collserola y cuándo cayó el verde y surgió el gris.

Este es un apartado para mí, aunque te invito a compartir la experiencia. Un apartado que nos va a dejar con mal sabor de boca y un nudo en la garganta, y que no va a ser fácil, ni noble, ni fiel. Porque eso es lo que son los perros, no nosotros.

## SOBRE LAS PROTECTORAS Y LAS PERRERAS

En España hay dos tipos de centros donde pueden caer los animales callejeros o de compañía. Las protectoras, si tienen suerte, y las perreras, si esta les es esquiva. Muchas personas creen que estas palabras tienen un sentido único pero, como suele ocurrir con la etimología, eso jamás ocurre; ni tan siquiera entre los sinónimos: las palabras tienen matices y, en este caso, la diferencia es, a menudo, la vida o la muerte.

Las perreras son centros creados por el ayuntamiento o adscritos a este donde se hace cumplir la Ley de Protección Animal (*staff* de FAADA, 2015) que, según datos registrados por la prensa, cuenta con diecisiete variaciones según el territorio, siendo la catalana aquella más actual, y la madrileña la que menos; actualizada en el año 1990 (F.P., 2014).

La Ley de Protección Animal rige cuestiones como la recogida y la tenencia de «animales vagabundos» que se encuentren en la vía pública durante veinte días hábiles, con el fin de que estos encuentren adoptante o su dueño los reclame, y pasados estos días pueden ser sacrificados (el día veintiuno).

Previamente, por ley, se leerá el microchip, si lo tuviera, y se le notificaría al dueño, por si quiere recuperarlo o renuncia a él. La renuncia no tiene ningún tipo de coste, ni multa, pues si así fuera, la Administración considera que los abandonos en la vía pública serían mucho mayores. Asimismo, muchos de estos animales no están identificados mediante un microchip, por lo que una vez perdidos o abandonados no existe forma de que se pueda contactar con los dueños.

Las perreras son organizaciones movidas por el lucro (privadas) o, en algunos casos, públicas, cuya estructurada y organización se ha realizado por ley, y donde encontrar un nuevo hogar al animal no se contempla como necesidad; si bien, en honor a la verdad, también entra dentro de los planes de muchas de ellas.

En cambio, las protectoras son asociaciones sin ánimo de lucro —como una ONG—, cuyos beneficios se utilizan para el cuidado de los animales, la búsqueda de nuevos adoptantes, la mejora de las instalaciones y los sueldos de los trabajadores que conforman la plantilla fija (no de los voluntarios). A diferencia de las perreras, las protectoras no sacrifican a los animales y tienen un cupo de cuidados y adopciones más limitado, lo que les permite funcionar de un modo más eficiente.

Como suele ocurrir, aquí hay blancos y negros. Ni las perreras son un cáncer a erradicar ni las protectoras son la solución. En realidad, hoy día las perreras no podrían funcionar como protectoras, pues se acogen a razones prácticas de espacio y adopción. Pero siendo objetivos, y muy, muy fríos, podríamos decir que las perreras podrían seguir funcionando mientras tuviesen perros y gatos que matar, y las protectoras no.

Si entramos en materia, rápidamente observamos varios problemas. El primero, y quizá aquel más importante, es que las perreras actúan a través de un cariz utilitarista: «este perro es viejo», «este gato es ciego», «esta perra no es de raza», «estos perros son de raza potencialmente peligrosa», mientras que las protectoras escogen a los animales que pueden recoger, o se comunican con otros centros, y se apoyan en el volumen de las perreras para poder buscar hogar a unos pocos. En otras palabras, las protectoras *no* podrían funcionar sin las perreras; y aun así, casi nada de lo que ocurre en las perreras es bueno.

El error principal, al igual que ocurre con una legislación nacional que permite diecisiete modificaciones autonómicas diferentes en un espacio natural que, a grandes rasgos, mantiene un ecosistema heterogéneo (hablando en plata, que vale para Barcelona, Valladolid y Asturias por igual), es que si queremos alcanzar el sacrificio cero de animales en las perreras necesitamos una ley conjunta y la cooperación de perreras y protectoras hacia un fin común. Si no, el sistema colapsa.

## CAMBIAR EL SISTEMA

¿Cómo lo hacemos entonces? Estoy convencido de que la respuesta exacta no llegará por aquí, pero quizá sí el modo. Hagámoslo juntos. A menudo, las denuncias públicas contra perreras e incluso contra protectoras sitúan el ojo del público allí donde no reside el problema.

Sí, hay perreras que no actúan como deberían, o que no hacen todos los esfuerzos; y en todas las perreras se mata a los animales si estos no encuentran adoptantes que quieran compartir sus vidas con ellos. Sea como sea, están en nuestras manos.

Entonces, ¿cómo es posible que la solución no llegue cambiando el modo en el que se hacen las cosas?

Verás, veinte días es el tiempo máximo que la Administración calcula (con fundamento o sin él, aquí ahora no voy a entrar) que puede mantener a cada animal antes de que la cadena de abandonos haga que sea imposible hacinar más perros y gatos en jaulas. Entonces, se les mata con una inyección, o se les gasea (son los dos métodos más utilizados), y luego se les quema en hornos crematorios. Hasta aquí, es lo que se sabe; y si bien todos hemos escuchado historias todavía más horribles, poco sentido tienen sin pruebas. Además, la cara visible ya es bastante mala como para hacer algo, ¿no crees?

En el párrafo anterior hemos visto el primer grado de relación entre los abandonos y las perreras; si los animales de compañía van a la perrera, pueden morir; es más, suelen morir. Si no se abandonasen animales, entonces, no habría perreras. La causa-consecuencia aquí es simple y, sin embargo, casi cincuenta años de políticas animalistas no han conseguido reducir la tasa de abandonos de una forma notable. Hoy hay más conciencia que ayer, pero se siguen abandonando perros, gatos y otros animales. ¿Por qué?

Existen tres vías que favorecen el abandono: la cría sin control, la identificación y la ley en sí misma. Entre estas tres causas —y esto que voy a afirmar quizá traiga cola— la menos preocupante es la cría. A lo largo de mi vida, los perros más equilibrados con los que he compartido mi vida han sido mestizos, pero puedo entender la idea de tener de compañero a un pastor alemán, un sabueso americano o un mastín de los Pirineos (tres razas fantásticas).

El problema subyace cuando no existe un control para esa cría. No solo en un sentido primario de compraventa (a quién se vende el cachorro, cuándo, garantías del criador, etc.), sino también de censo. Es total y absolutamente aborrecible comprar un cachorro de una camada de la que nueve de diez serán enviados a la perrera, sobredimensionando un grave problema, y el décimo tendrá la vida que solo soñará el resto de sus hermanos. En perros, y sobre todo en gatos, la esterilización juega un papel fundamental aquí, donde las nuevas camadas pueden suponer doscientos (¡200!) o trescientos (¡300!) animales en dos o tres años.

Incluso en un sentido utilitarista es absurdo el gasto de recursos que las nuevas camadas suponen y absolutamente falto de ética que esto se permita. Debería controlarse públicamente el número de criadores que existen y el número de camadas que se lanzan al mercado, y contraponer y utilizar esos datos para restringir el acceso. Anteponer la ética al dinero; limitar la compraventa e incentivar la adopción. Hoy más que nunca, cuando «el 50% de los animales que se han abandonado o renunciado son de raza» (Cifre, 2014).

A su vez, el abandono animal tiene otra cara a principios de año. Una cara que te recomiendo que veas en *Febrero, el miedo de los galgos* (Blánquez, 2013), donde los galgueros abandonan a miles de animales que ya no son útiles para la caza; los más afortunados encuentran un nuevo hogar, los menos afortunados no valen ni el precio de un disparo, y son colgados en el primer pino que el tirador encuentra en el camino.

En el siglo XXI, en el año 2016, esto no puede ocurrir: esto es algo que *no debe ocurrir*. Si queremos solucionar el problema del abandono y el maltrato animal existe una herramienta: el microchip. Todos los animales, sin excepción, tienen que estar identificados y con los datos actualizados por los propietarios. Así, los verdaderos animales estarían controlados de verdad.

Sí, sé lo que me vas a decir: primero, que es utópico, porque lo mismo les cuesta pegarle un tiro que rajarle la espalda y extraerle el chip de ese animal que ya no les sirve, ¿verdad? Lo mismo cuesta mantener los datos desactualizados, o falsearlos… Te equivocas. Ahí, ahora, es cuando entra en juego la ley. Si usas un animal para la caza o es tu fiel compañero hasta el día que te canses, mantienes sus datos actualizados, y el día que lo abandones, o te encuentren asfixiando al perro con un cabo, o maltratando a un gato, o a un burro, irás a la cárcel.

Aquí entra la legislación. Esta es la tercera premisa, y aquella por la que debemos pelear de verdad. Ha llegado el momento de comprender que no está funcionando: los abandonos no decrecen, los galgos solo bajan muertos del árbol cuando llega una tardía mano amiga, y los animales viven y mueren con miedo a nosotros. Incluso los animales con los que decidimos, mutuamente, compartir nuestra existencia más cercana.

Si una pena económica no es suficiente, deberá imponerse un castigo por lo penal. Si cinco años de cárcel no disuaden al maltratador, tendrán que ser veinticinco. La educación y la conciencia funcionarán a medio y largo plazo, pero hoy necesitamos herramientas prácticas como sociedad.

No se trata solo de prevenir posibles crímenes a otros seres humanos, razón primera por la que el FBI mantiene fichados y controlados a maltratadores de animales, sino porque ellos, como nosotros, son seres que sufren, sienten y padecen. Y lo que es peor, sin razón alguna.

## EL MUNDO ES TUYO

El mundo es nuestro. Nosotros cambiamos la disposición de los espacios, decidimos qué leyes se aprueban y cuáles se quedan en un papel serigrafiado bajo fondo blanco y, tristemente, también qué animales salvamos y cuáles condenamos.

Nosotros imponemos los movimientos y los modos en los que luchamos para cambiar las cosas, y damos forma al futuro. Hoy, cuando todos estamos muy desencantados con la política a nivel nacional y, quizá, incluso con la global, parece complejo ver cómo realmente todo lo comentado puede llevarse a la práctica.

En realidad, ya se está haciendo, pero no con la suficiente dedicación, ni con el suficiente nivel de convicción. Lo sé, porque diariamente veo a gente quejándose de las imágenes hirientes de perros destrozados, maltratados y abandonados que aparecen en las redes sociales. Las imágenes no hieren; los ojos no duelen; es la moral, es la posibilidad de hacer algo y no hacerlo, la posibilidad de ayudarles y seguir en nuestra zona de confort, un día tras otro.

Toca implicarse, mediante grupos de presión, a través de partidos políticos o en nuestra propia cruzada a favor de la libertad animal. No importa. Lo que sí es vital si queremos convertir las perreras en protectoras es hacer que el abandono animal desaparezca y que la cría, la esterilización, la identificación y los castigos de verdad contra estas prácticas estén adecuadamente legislados y listos para actuar. Esa es toda la munición que necesitamos: educación, respeto, conciencia y castigo justo.

# 7 SEGURO QUE TE OLVIDAS DE UN ANIMAL

*Soy como un muerto que abre lentamente la tapa del ataúd/
la juventud se detuvo en las máquinas/
murió antes de tiempo.*
Xu Lizhi (1990-2014)

El mundo no es Occidente. Y llega el día en el que pones los pies en el suelo, te incorporas desde la cama y tienes la certeza de que vives en una zona de confort muy, muy pequeña. De ese modo, miramos a los ojos a miles de personas cada día, y no siempre nos parece encontrar a un igual frente a nosotros.

El animal sobre el que no hemos hablado hasta ahora somos nosotros mismos: los seres humanos. El único ser vivo que se ha liberado de sus instintos, y que se ampara en la libertad y en la razón, o en la cultura, para actuar. No actuamos por actos reflejos, sino que tenemos capacidad de decisión y, por ello, los errores que cometemos son mucho peores.

Apple, Samsung, Inditex, Mercadona, General Motors, Wal-Mart... De grandes cadenas de supermercados a fábricas de coches, o de telefonía móvil, o empresas petroleras. Hoy, el mundo es de las multinacionales y del modelo de gestión y consumo que el neoliberalismo ha impuesto, o mejor dicho, que todos hemos aceptado.

En estas empresas existen los consejos directivos que toman las decisiones corporativas y que, a su vez, han tenido presentes unas premisas que los han llevado hasta allí y los mantienen en sus puestos de trabajo. Fuera de esos grandes edificios de oficinas están los consumidores, que de un modo activo o pasivo colaboran para que el sistema prospere y, más lejos, están los invisibles, aquellos trabajadores en los que nadie piensa y a los que nada se les reconoce. Ahora es sencillo, porque décadas atrás se consolidó una fórmula que hacía las cosas más simples: la deslocalización.

Entre todos los crímenes que aquí se detallan, subyace aquel que nos infringimos los unos a los otros: el pan robado, el neocolonialismo, el esclavismo del siglo XXI... Este tiene una base, el capitalismo como meta de vida, y lanza una serie de preguntas al aire que, como mínimo, deberíamos tener la valentía de formularnos a nosotros mismos e intentar responder.

## EL PAN ROBADO

¿Te has preguntado de dónde sacan sus grandes sueldos muchas multinacionales? ¿O por qué razón operan a nivel global? ¿El porqué de la deslocalización industrial? Algunas de estas preguntas se responden como imperativos categóricos, es decir, no hay otra opción: son autónomas y autosuficientes, y hasta cierto punto no son ni tan siquiera preguntas (dicho de otro modo, así funciona el sistema que hemos aceptado), mientras que otras son consecuencia de las decisiones que la dirección de una marca toma.

El caso de Mercadona, la cadena de supermercados valenciana que opera a nivel nacional en España, acerca los blancos y los negros que supone trabajar en una gran empresa. Su modelo no difiere sustancialmente de aquel utilizado por el gigante norteamericano Wal-Mart que opera también en Canadá y México. Desde fuera, la falta de competitividad del pequeño comercio frente a las grandes corporaciones parece uno de los temas más preocupantes, y a este se suman numerosos conflictos laborales que han aparecido a lo largo de los años.

Sin embargo, al contrario de lo que pueda parecer, en España trabajar en una cadena de supermercados como Mercadona parece un sueño hecho realidad para personas de formación media y baja. Los sueldos (*El Huffington Post*, 2015), que superan holgadamente los 1000 euros (1420 euros netos, según datos de la empresa en 2015), parecen distanciarse mucho del salario mínimo interprofesional en España, de 756,70 euros. Al sueldo se suma la colaboración con mercados cercanos, lo que no siempre fue así (Bravo, 2013), y la compra de grandes cantidades de productos al sector primario español.

Como contraprestación, la directiva exige resultados y una altísima competitividad. ¿Pero es la competitividad aquello que hace que estas cadenas sean tan rentables? En este caso concreto aparecen dos conceptos asociados al éxito de la marca: localización (cercanía) y marca blanca.

El primero, que se modificó a partir del año 2009 según los datos de facturación de la empresa, rectificó el modelo de exportación de productos desde Italia y Estados Unidos hacia un nivel más local; según la directiva, fue una decisión económica (mayor rentabilidad) y quizá también ética (favorecer lo propio antes que lo ajeno); por el contrario, nos quedamos con la duda de si se trataba de una resolución prevista de cara a la galería (*marketing*) o fruto de un análisis profundo del beneficio que suponía a nivel nacional.

La segunda, en cambio, sí parece tener una relación directa con el precio del producto. La marca blanca está definida por su presidente en la guía formativa de Mercadona, según las palabras de empleados y exempleados de la cadena, como «producto de marca de un distribuidor que tiene como objetivo ofrecer a un precio más atractivo una calidad "aceptable" con el margen más óptimo para el distribuidor».

Según la noticia que aparecía en la revista mensual *La Marea* el 15 de diciembre de 2014 (Maestre, 2014), las comillas son de Juan Roig, y nos dicen que el mejor precio se consigue con una calidad concreta que asegura, en todo momento, el mayor beneficio para el distribuidor (en este caso, Mercadona). No obstante, resiguiendo el artículo algo más en profundidad rápidamente vemos cuál es el principal obstáculo a batir y la principal fortaleza de estas cadenas multinacionales: el pacto no-escrito con el cliente y la fidelización del mismo.

Tristemente, la deslocalización nacional o transnacional del producto, la enorme competitividad de los productores e intermediarios, la oferta y las formas de vida actual hacen que sea muy complejo cambiar la dirección en la que giran las tornas. Y, así, nos da en la nariz que para que Primark o Inditex puedan vender productos a 1, 2 o 3 euros, Mercadona pueda comercializar la marca Hacendado a precios *muy* competitivos y Apple y otras compañías de telefonía móvil puedan mantener sueldos multimillonarios en puestos directivos, algo se oculta detrás.

Pero no excesivamente tampoco: no es necesario. Xu Lizhi, un trabajador que ensamblaba iPhones en una fábrica de Foxconn (Nuevo Taipéi, Taiwán) y que se unió hace menos de un año a la lista de muertes por suicidio que arrastra la compañía, así como a las denuncias de miles de empleados de que las condiciones de trabajo son abusivas e inhumanas, son un claro ejemplo del extremo más peliagudo y cruel de este tipo de capitalismo.

Ante todo, es importante aclarar que desconozco totalmente si marcas nacionales de la talla de Mercadona o Inditex llegan a esos extremos (por lo que no es mi intención hacer un paralelismo directo aquí), si bien la primera arrastra numerosas denuncias relacionadas con las condiciones laborales y de salud de sus empleados en diferentes regiones de España (donde algunos medios han llegado a afirmar que la calidad del producto va en detrimento de las condiciones laborales de «marca blanca» de los empleados) y la segunda cuenta con críticas a nivel global, que van desde las costas gallegas hasta las fábricas clandestinas de Bangladesh (Martínez, 2013).

Los ojos se mueven aquí hacia el esclavo invisible, aquel que ya trabajaba para Inditex en el Magreb durante los años noventa del siglo pasado, y cuyo sudor en las fábricas chinas suministra productos o componentes a través de Foxconn a empresas norteamericanas de la talla de Apple, Dell, Motorola, Nintendo o Hewlett-Packard (HP). ¿Pero por qué es verdaderamente invisible? ¿Nos lo esconden o, simplemente, no lo reconocemos como a un igual?

## EL ESCLAVO INVISIBLE

*Aftenposten*, el segundo diario de mayor tirada en Noruega, apostó a mediados de 2014 por un *reality show* que invitaba a tres *bloggers* especializados en moda —dos chicas y un chico— a visitar una de las fábricas de H&M en Camboya.

Allí, el choque entre los productos que ellos mismos recomendaban, todavía en producción, y las condiciones de vida de los hombres y, sobre todo, de las mujeres que permitían el flujo de esas mercancías rompió completamente sus esquemas.

No obstante, más allá de la crítica al sistema, los verdaderos problemas surgieron cuando Anniken Jørgensen (Martínez, 2014), una de las blogueras, puso nombre al problema, denunciando públicamente por explotación a la marca sueca, acción que había sido prohibida exprofeso por el mismo diario.

De este modo, la chica no solo se topó con que los mismos diarios noruegos no quedan al margen del sistema económico, sino con el hecho de que una única voz no tiene fuerza frente a la estructura de las multinacionales, que para protegerse de la mala prensa se refugiaron en sus mejoras en control laboral y de las condiciones sociales desde su integración en 1993.

La estrategia de autodefensa no solo es aplicada también por otras marcas como la irlandesa Primark o la multinacional española Inditex, sino que, como señalaba la psicóloga estadounidense Melanie Joy (2013), las opiniones generalizadas no solo justifican nuestra conducta, sino que deben tener presente la estructura de un «sector blindado» e invisible al que para criticar o combatir tenemos que probar una acción concreta (aunque nos afecte a todos los niveles), mientras que a ellos no se les exige demostrar de dónde vienen los productos, qué procesos de fabricación siguen o en qué condiciones de vida se producen.

Sobre todo esto, y retrotrayéndonos un poco hacia capítulos anteriores, es igual de interesante saber que así funciona también la industria cárnica y la del pescado, y en los «disparatados» supuestos de que hubiese *mierda* mezclada entre la carne que ingerimos, que se contaminase intencionadamente el pescado que no compra la lonja antes que regalarlo a familias necesitadas o que se destruyesen cientos de kilos de comida por cada ciudadano de un país, serían todas estas afirmaciones aquellas que los críticos deberían probar y, en ningún caso, cuestiones que la mayoría de estados obligasen a las empresas multinacionales a mantener en regla.

En este sentido, la gran industria se encuentra en el interior de la estructura, mientras que la crítica se enmarca siempre en los límites de la misma. Según Joy, es el mismo caso del vegetarianismo y aquello que ella denomina como «carnismo»; el primero no solo está constantemente obligado a legitimarse (por salud, naturaleza, etc.), sino que se enmarca dentro de unos parámetros éticos que la invisibilidad del consumo de carne no tiene presente: es decir, consumir carne está al margen de la ética, ser vegetariano no (Joy, 2010, p. 34).

La diferencia es que lo primero forma parte del sistema y lo segundo continúa en el límite del mismo; un supuesto que también puede trasladarse a la deslocalización de la industria y a la actividad de las multinacionales.

Por ello, si observamos por un segundo en derredor vemos una estructura llena de huecos. Sí, es cierto que deslocalizar una empresa supone buscar un descenso en la desocupación laboral del país de destino pero, por norma, también provoca un aumento de desocupación en el país de origen; es cierto que creas industria en un punto, pero la haces desaparecer en otro, y es cierto que los productos pueden comercializarse, a nivel global, a un precio más económico, pero no solo estás creando empleo de baja calidad sino que, muy a menudo, lo que las grandes corporaciones buscan son legislaciones menos restrictivas y condiciones de trabajo más flexibles (Vergoñós, 2014), que no es más que un eufemismo para describir acciones más abusivas.

Esta otra realidad que no queremos ver se fundamenta en una única premisa: globalmente, enviamos al tercer mundo el trabajo que no queremos asumir en el primer mundo. A unas condiciones, frecuentemente, inhumanas o abusivas. ¿Por qué? Porque en los ojos del otro no reconocemos a un igual. ¿Pero por cuánto tiempo más perpetuaremos esta idea racista sobre las bases de una ventaja neocolonialista? ¿Cuánto tiempo seguirán permitiéndonoslo sin reclamar una igualdad o globalidad de derechos?

## YO SOY AQUEL NEGRITO...

Del África tropical, es decir, entre los trópicos de Cáncer y Capricornio. Probablemente, un ciudadano de Uganda, el Congo (cualquiera de los dos), Gabón, Kenia o Somalia. Una persona nativa de una de las zonas que más emigración han sufrido durante las últimas décadas por toda Europa pero que, en aquel momento, cuando en España había tres o cuatro negros, solo se conocían por la canción del Cola-Cao.

Hoy, treinta años después, en un mundo globalizado, nos parecería inconcebible ese anuncio en la televisión, pues no solo plantea un estereotipo falso, sino que además hace leña del árbol caído: dicho de otro modo, suscribe lo positivo que resulta el trabajo de ese negro para los países de Occidente, pero no se plantea la siguiente cuestión: ¿y para él?, ¿y para África?, ¿es positivo?

Del mismo modo que África, Asia y Latinoamérica tienen problemas similares; pero cualquier pensamiento que lancemos aquí en cuatro párrafos será superficial y, sobre todo, frívolo con esa situación que viven millones de personas, por lo que quizá valga más la pena plantear el porqué de ello.

La respuesta más obvia, y directa, es que los países occidentales tienen una deuda directa con países como la India, Cuba, Colombia, Brasil y Venezuela, y el caso más flagrante de todos es el continente africano. Como prueba, el *apartheid* y la segregación racial sufrida; y también la división de sus territorios mediante un mapa y un bolígrafo, sin tener presente (ni querer) ningún conocimiento sobre la zona y sus habitantes.

Oxfam Intermón y otras ONG que trabajan en el campo comprueban, aún hoy, la importancia de conocer las diferentes culturas y la heterogeneidad de las mismas en el terreno, lo que a menudo les ha traído incluso problemas (*El Día*, 2015), y lo que todavía es más importante, confirmar cómo la interacción de las grandes potencias continúa, muy a menudo, siendo negativa para el desarrollo de todos estos países.

En este apartado he acogido la idea del negro que recogía cacao en África, en zonas como Ghana, Costa de Marfil, Nigeria o Camerún. Esto es curioso, porque el árbol del cacao proviene de Sudamérica y la integración de este en la cara sureste del continente africano atiende únicamente a intereses financieros. Sin embargo, más allá de los movimientos del mercado, el negro del Cola-Cao, que la mayoría conocerá o habrá oído hablar de él, nos sirve para exponer el conflicto del padre y el hijo.

El padre seríamos todos nosotros, representando a Occidente; el hijo serían todos aquellos habitantes de zonas que dependen de un modo u otro del primer mundo, representados por África. La visión general entre los años cincuenta y los años ochenta no planteaba el problema de fondo, sino que recogía, con fuerza y a nivel exterior, la necesidad de un apoyo no solo económico, sino también laboral. Las bases mediante las que ayudar a los países subdesarrollados eran enviar comida mientras conseguían un trabajo. En esta primera fase, los negros eran «negritos» y nuestra actitud era, total y absolutamente, paternalista; para los que no eran absolutamente invisibles, esas bases resultaban poco más que un modo de aliviar parcialmente las conciencias.

Poco a poco, Occidente comprendió que alimentar a aquellos que no tienen nada no es una estrategia que tenga sentido a medio plazo. Así, se adoptó una actitud similar a la que Lao Tse recogía en su famosa frase: «Dale un pez a un hombre y comerá un día, enséñale a pescar y lo alimentarás para toda la vida». De este modo, se establecen las bases del comercio justo, muy ligadas a la globalización de los mercados y a la concepción de un trato ético que se mide por el mismo rasero.

Sin duda, entre uno y otro, el paso es de gigante, y durante mucho tiempo las ONG han tenido que luchar todavía para que la opinión general abandonase el envío de alimentos por la posibilidad de reestructurar sus propios sistemas y ecosistemas.

Sin embargo, hoy día, el salto que se plantea pasa del «enséñales a pescar» al «déjales crecer», y lo que ocurre es que buena parte del sistema occidental está estructurado sobre las bases de una economía y un modo de vida más injusto por debajo del Paralelo 38.

Esto es lo que muchas ONG denuncian en relación a productos tan cotidianos en nuestra vida diaria como el cacao, el arroz, el café o la telefonía móvil, y a través de las que, sobre todo, se ha utilizado a Nestlé como la multinacional arquetípica para demostrar la desigualdad, el trabajo infantil y la esclavitud que estas prácticas producen en los habitantes del noroeste de África y, en especial, de Ghana y Costa de Marfil, donde los gobiernos carecen de recursos para impedirlo.

Así, hoy día el activismo se concentra en mostrar qué hay detrás de las grandes marcas de consumo a través de campañas mediáticas como «Behind the Brands» (tras la marca, 2015) de Oxfam Intermón, que informan, sirven como medida de presión y dan herramientas a los consumidores para castigar a firmas de la talla de Danone, Coca-Cola, PepsiCo, Kellogg's o Nestlé, entre muchas otras.

Y es que debemos empezar a asumir que las economías de muchos de estos países y las vidas de sus ciudadanos no pueden mejorar debido, en primera instancia, a la estructuración de los mercados y a los problemas internos que los mismos arrastran históricamente, pero también a la inacción del consumidor: no se trata de ser voluntarios en Costa de Marfil, Sierra Leona, Honduras,

Nicaragua o tantos otros países con más de un 50% de pobreza ciudadana, sino de actuar a nivel local o de nuestras posibilidades.

A todo esto, queda un último punto que, desde nuestra posición, es fácil no tener presente. Se trata de los casos concretos de China y la India, donde el número de habitantes ha aumentado tanto en los últimos cincuenta años (prácticamente triplicando la población de 1960) que concentra casi el 50% de los casos más graves de pobreza y desigualdad social. China, la segunda potencia mundial —y primera para 2020 (Barba, 2014), según las últimas estimaciones—, se encuentra en renta per cápita en el puesto 80, con millones de trabajadores con jornadas interminables de trabajo y semiesclavitud, contaminación atmosférica, desertificación y erosión que suman a una notable inflación en los precios del mercado.

Todo ello demuestra que, hoy más que nunca, todas estas cuestiones no pueden ser tratadas a nivel nacional, sino que tenemos la necesidad de abrir posturas, dialogar, entendernos, ayudarnos y buscar una solución real a nivel político y, sobre todo, a nivel global. Porque «si aspiráramos en esta humanidad a consumir como un americano promedio, son imprescindibles tres planetas para poder vivir» (*staff* de Europa Press, 2015). Nos faltan dos; o nos sobran cosas.

## EL MODELO DE SOBRIEDAD DE MUJICA

*El hombre no gobierna hoy las fuerzas que ha desatado, sino que las fuerzas que ha desatado gobiernan al hombre.*
José Mujica (1935)

José «Pepe» Mujica (Danza y Tulbovitz, 2015), expresidente de Uruguay, sorprendió a toda la asamblea de las Naciones Unidas reunida en Río de Janeiro con motivo de la búsqueda por una solución real frente a los actuales modelos de consumo y de desarrollo sostenible.

Recuerdo, sin necesidad de volver a visualizar el vídeo, que inició su discurso de una forma frontalmente opuesta a muchos de los ponentes que lo precedieron, y ensombreció con su experimentada oratoria a los que lo sucedieron.

A continuación, me dispongo a parafrasear algunas de sus primeras frases, que se clavaron en mi pecho como picas de verdad al rojo, y dejaron una huella que todavía permanece hoy, tres años después, cuando escribo estas líneas.

«¿Qué pasaría si los hindúes tuvieran la misma proporción de autos por familia que los alemanes? ¿Cuánto oxígeno nos quedaría para poder respirar? ¿Es posible hablar de solidaridad y que estamos todos juntos en una economía basada en la competencia despiadada? ¿Hasta dónde llega nuestra fraternidad?», decía mediante una concadenada y astuta pregunta retórica. El mundo no tiene recursos para hacer que siete u ocho mil millones de personas vivan con la opulencia de Occidente y algunas partes de Asia, África y Latinoamérica.

El político, en un lenguaje tan propio como acertado, cuyo uso reiteró un año después en la sede de la Organización de las Naciones Unidas, veía en los modelos de consumo la mayor lacra de la historia de la humanidad. Su aportación, a menudo tildada tanto de franca y veraz como de débil e ingenua ante los poderes fácticos (y, en especial, ante los sectores financieros), veía en el modelo de vida occidental y en las formas de consumo un problema de ámbito global.

En su pensamiento, Mujica, observaba el problema en un sentido inverso al habitual. No son los sectores financieros aquellos que potencian las formas de hiperconsumismo, capitalismo e incluso, en muchos casos, neoliberalismo, sino nuestras formas de vida y consumo las que, favorecidas por ese sistema, las legitiman y fortalecen.

En cualquier caso, si lo contextualizamos mediante terminología de procesamiento de información, no se trataría de estrategias *top-down* (de arriba hacia abajo), sino *bottom-up* (de la base hacia arriba). En otras palabras, no es el sistema el que nos impone; somos nosotros quienes permitimos que este nos engulla.

Sintetizando el discurso, podríamos decir que Gillete —por escoger una marca que yo mismo utilizo— no podría aplicar muchas de sus políticas globales si en vez de comprar maquinillas de afeitar cada mes cambiásemos nuestra cuchilla o nuestra navaja de afeitar una vez por vida. Este caso, extremo, podría extrapolarse a cualquier producto de consumo, incluso dentro de una política económica capitalista. Aquí encontramos la gran diferencia entre el actual liberalismo radical (donde las marcas empiezan a ser más fuertes que los estados) y el liberalismo social que se aplicó durante las décadas previas a la crisis del 73.

Aun así, el alegato de Mujica se relacionaba fundamentalmente con una cultura de la sostenibilidad y una filosofía de vida. El antiguo guerrillero uruguayo comprendía el funcionamiento de los sistemas de consumo y la necesidad de aumentar, constantemente, su velocidad. Dicho de otro modo, de cultivar más tomates, matar a más vacas o construir más coches, lámparas o televisores de plasma.

Frente a ello, propuso una cultura de la felicidad. El plus del sistema capitalista, afirmaba, no ofrece la felicidad; venimos a la vida buscando esa felicidad, y el estancamiento en la economía no afecta a nuestra felicidad por sí mismo. En cambio, el apoyo a ese sistema sí lo hace; *apoyar este sistema nos roba la vida y el tiempo.*

Recojo aquí dos fragmentos de la primera conferencia:

Porque no venimos al planeta para desarrollarnos en términos generales. Venimos a la vida intentando ser felices. Porque la vida es corta y se nos va. Y ningún bien vale como la vida. Y esto es elemental, pero si la vida se me va a escapar trabajando y trabajando para consumir un plus, y la sociedad de consumo es el motor, porque en definitiva si se paraliza el consumo o si se detiene, se detiene la economía, y si se detiene la economía es el fantasma del estancamiento para cada uno de nosotros.

Nuestro modo de vida, además, está directamente relacionado con el mercado. Y por ello aparecen conceptos como obsolescencia programada:

Porque el problema es el mercado, porque tenemos que trabajar y tenemos que tener una civilización de use y tire, y estamos en un círculo vicioso (Mujica, 2013).

Es imposible extrapolar estas formas de consumo a nivel mundial, porque no habrá mundo entonces. Pero si nosotros no vamos a cambiar nuestras formas de vivir, los chinos, los hindúes, los congoleños y los africanos, los asiáticos e incluso los ciudadanos de ciertas zonas de Europa y Latinoamérica que todavía no han podido van a querer copiar y alcanzar esas formas de consumo.

¿Cómo podemos negar a esa gente de, por ejemplo, China y la India que, en breve, van a tener poder económico y control de los mercados el consumo masivo de carne, el uso masivo de coches y el abuso masivo del medio ambiente? Nosotros empezamos a girar la rueda, y nosotros tenemos la obligación moral de dar ejemplo. Hoy, mañana o cuanto antes.

Y esto es lo que él llamó la sobriedad deseada (Mujica, 2012), y esa sobriedad *tiene* que estar en los parlamentos, en los salones de diputados y en la vida pública y política de nuestra sociedad.

«¡Estos son problemas de carácter político! Que nos están diciendo la necesidad de empezar a luchar por otra cultura. No se trata de plantearnos volver al hombre de las cavernas, ni tener un monumento del atraso. Es que no podemos continuar gobernados indefinidamente por el mercado, sino que tenemos que gobernar al mercado».

## ¿ERES FELIZ?

Al fin y al cabo, esta es la única pregunta que realmente importa. Por eso, quizá, y solo quizá, nos cuesta *tanto* responderla, nos parece *tan* lógico empujarla fuera de la vida pública y nos cuesta *tan* poco hacerlo, porque no podemos alcanzarla.

Solo hay un país del mundo cuya carta de constitución o, en este caso, de declaración de independencia frente al estado inglés, afirma: «Sostenemos como evidentes estas verdades: que todos los hombres son creados iguales; que son dotados por su Creador de ciertos derechos inalienables; que entre estos están la vida, la libertad y la búsqueda de la felicidad».

Sin embargo, la relación directa entre felicidad y materialismo, todavía tardaría décadas, si no siglos, en establecer una relación directa, apoyada por el modelo de trabajo y producción capitalista (usufructo, propiedad privada, libre mercado…) y pensamiento liberal y, después, neoliberal. De cualquier modo, como creo haber sintetizado párrafos atrás, no es cuestión de culpabilizar a los estados o a los sistemas, como se hizo en 1929 y posteriormente en 1973. Eso no dio resultado: esto no dará resultado.

La crisis fundamental que debemos solucionar en este nuevo siglo no es económica o financiera: es moral, y es política, y es duro decir esto cuando un país tiene más de cinco millones de trabajadores en paro. Pero la crisis verdadera, la crisis por la que nos va la vida, es moral y es global. Se trata de una crisis de valores, de aquellos valores relacionados con todo lo que nos impone el capitalismo y el consumismo como sistemas.

Desde hace demasiado tiempo, asistimos constantemente a la formulación de una pregunta a la inversa. Nos preguntamos cómo podemos no ser felices con todo lo que tenemos, en lugar de preguntarnos cómo podemos ser felices. Tú, quien estás leyendo estas líneas, ¿te preguntas diariamente cómo ser feliz?, ¿te cuestionas tu felicidad acaso? ¿Conoces a alguien que lo haga siquiera?

El caso estadounidense, uno de los países con una estructura totalmente capitalista y de libre mercado, es el del único país del mundo que recuerda a sus ciudadanos, de un modo mínimamente oficial, que no están allí para crear y consumir bienes y servicios, sino para buscar la felicidad. Y, a la vez, nos recuerda a todos que ningún sistema económico o político está creado para ofrecernos la posibilidad de ser felices, ¡somos nosotros quienes debemos insertar ese concepto en el interior de la ecuación!

Hoy, esta mañana, ahora mismo, durante buena parte de la llamada Edad Contemporánea, cuando ya no existen valores trascendentes que rijan o, como mínimo, den sentido a nuestras vidas, es mucho más sencillo volcarse en el consumismo: un sistema rápido, furioso y *tan* circular que parece un camino sin fin —aunque el hecho de reconocer algo como una línea larguísima y no como un círculo no lo hace real—. Así, poco a poco, el consumismo ha pasado de ser un medio de vida a convertirse en un fin.

Y ahora es muy sencillo culpar al capitalismo, o al comunismo, o a la falta de interacción estatal en los mercados, o al exceso de control... ¿Sabes? Son cosas. No son reales. Capitalismo, consumismo, comunismo, libre mercado, sociedades, personas jurídicas… son conceptos. No existen sin nosotros; no forman parte del mundo; solo existen en la medida en que todos nosotros los aceptamos. Quizá el problema radica en que todos aceptamos cosas que nada tienen que ver con lo que deseamos[25], ¿no crees?

¿Qué porcentaje de nosotros asociamos felicidad y riqueza? Incluso en el caso de no establecer una relación directa entre ambos conceptos, la mayoría aceptaríamos que siendo ricos seríamos más felices, lo que nos demuestra que consideramos que, sin riqueza, no podemos aspirar a una felicidad completa.

Sobre esta base, llevamos más de 3000 años de diálogo ininterrumpido en Occidente. Sé que cada vez que cito a Aristóteles, quien veía la Felicidad como el valor supremo, solo alcanzable mediante la excelencia de carácter (lo que hoy llamaríamos moral) y la razón (que él denominó facultades intelectivas, pero que no hacía más referencia que al intelecto y al conocimiento de un modo platónico, o socrático), corro el riesgo de perder a un buen número de lectores, porque la filosofía no está, hoy por hoy, muy de moda. Y entiendo por qué.

Si miles de años de filosofía no nos han dado la felicidad, quizá lo hagan la economía, el libre mercado, el comunismo o el capitalismo, ¿verdad? Además, la filosofía jamás habló muy claro. Sí, ellos dirán que los temas que tocaban (y tocan) eran demasiado trascendentes como para sintetizar o simplificar lo que decían, pero la realidad es que ahora la batalla está perdida.

---

25 No esbozo esta idea hacia un formato más práctico porque no me parece el lugar para hacerlo. Si bien, con el fin de ofrecer alguna imagen más real, veo dos opciones. Podemos unir ideas y conceptos a través de grupos de presión (*top-down*), es decir, empezar en las altas esferas: eso es difícil; o podemos elegir empezar por abajo y cambiar el sistema (*bottom-up*), quizá dando ejemplo, quizá convenciendo a aquellos que tenemos a nuestro alrededor, quizá movilizando un mensaje a través de las redes sociales…

Aun así, e incluso llegados al punto en el que despreciamos todo el sistema filosófico, todavía hay algo que podemos aprender del mismo.

Sin entrar en cuestiones concretas, quizá deberíamos plantearnos que más allá del hecho de dar o quitar la felicidad, su búsqueda es un camino individual y colectivo y, a la vez, público y privado, pero ante todo realizable. Si construimos nuestra existencia en torno a la búsqueda de la felicidad, quizá esta debería ser la que guiase la acción, y no aquella que también quedase supeditada a los mercados.

¿Cómo vamos a alcanzar la felicidad a través de un sistema que nos domina a nosotros? ¿Cómo vamos a ser dueños de nuestro propio destino cuando sobre nuestras cabezas existe un sistema económico que domina, incluso, la vida política?

Aun hoy, cuando la política (o mejor dicho, los políticos) no representa en absoluto a los ciudadanos, la política sigue hablando sobre la vida en la *polis*, en la ciudad, sobre el ordenamiento de la ciudad o de los asuntos del ciudadano. En cambio, la economía solo tiene relación con cómo movemos el dinero, cómo creamos riqueza y, en última instancia, cómo organizamos nuestro medio de vida en comunidad.

Debemos asumir que el modelo se ha invertido: hemos entronado la economía y, sobre todo, el consumo, y los objetos de consumo han dejado de ser medios para convertirse en fines. Llevamos un iPhone en el bolsillo porque creemos que eso nos da felicidad y paz mental; compramos ropa de marca, complementos, televisores de plasma, perros de raza; todo lo que adquirimos lo hacemos con la intención de alcanzar la felicidad. Y tiene trampa, porque siempre hay más, y más cosas, o cosas más caras por comprar, ¿verdad?

Sin embargo, el consumismo no es una respuesta totalmente vacía y, al mismo tiempo, es muy cómoda. Hubo una época en la que nos dijeron que tener más y más cosas era la base de nuestra felicidad, y en España —que es el ejemplo más cercano, aunque solo es uno entre muchos—, cuando no había nada, llegamos a confundir el tener cosas con la necesidad de poseerlo todo. Pero mientras seguimos corriendo en la rueda, no tenemos tiempo de buscar la felicidad al margen de esta: quizá en otras formas de consumo o de pensamiento.

Y sí, si nos tiramos en plancha, el batacazo va a ser curioso, pero quizá podemos reducir la velocidad a la que zapateamos, bajar el ritmo, hasta que la rueda se detenga por sí misma, o solo haya que dar un pequeño salto, y fuera.

# 8 ¡HAKUNA MATATA! LA FILOSOFÍA DEL VIVE Y DEJA VIVIR

> ¡Hakuna matata! *Vive y deja vivir.*
> ¡Hakuna matata! *Vive y sé feliz.*
> *El Rey león* (MINKOFF, R. Y ALLERS, R., 1994)

> *Me interesa el futuro porque es el sitio donde voy a pasar el resto de mi vida.*
> WOODY ALLEN, CINEASTA NORTEAMERICANO (1935)

Fue Disney quien universalizó esta idea con Timón el suricato y Pumba el facóquero, quienes acompañaban al pequeño Rey león en el exilio. Actualmente, se utiliza como reclamo turístico y ha aparecido en numerosas canciones, pero en su origen no era más que una expresión suajili que se podía oír en Kenia, en Tanzania y en los territorios adyacentes.

*Hakuna matata* se traduce, literalmente, como «¡no te angusties!», y recoge en sí misma la idea del *carpe diem* latino: no hay nada lo suficientemente urgente, o malo, o terrible como para complicarse uno mismo la vida. ¡Vive el presente!

En nuestras sociedades siempre hay cosas por llegar: la reunión de trabajo con el resto de departamentos programada para mañana, el ascenso, más dinero, el éxito a medio plazo… El mundo entero, y no solo Occidente, ha globalizado la idea de una vida en el futuro, siendo este un concepto vano e inalcanzable. Frente a esta idea, *hakuna matata* nos dice que vivamos el presente, que no nos angustiemos constantemente por lo que pueda pasar, y que nos centremos en ser felices, en el hoy.

Del mismo modo, la expresión —al igual que ocurre con la idea del *carpe diem*— no pretende limitar, sino ampliar horizontes. No tenemos por qué llevar esta idea a los extremos: no es necesario pensar únicamente en el ahora, y tampoco tenemos por qué estar visualizando pasado mañana a cada minuto, sino que podemos integrar dentro del mismo esquema la preocupación por el futuro y el disfrutar del presente.

Pero el uso del *hakuna matata* se adscribe, aunque parezca mentira, única y exclusivamente a los seres humanos; quizá, poco a poco, hemos aprendido a recordar el pasado (puesto que la historia de griegos, fenicios o árabes no difiere demasiado de los africanos o de nosotros mismos), pero todavía queda un largo trecho para universalizar esta idea.

Un concepto que debería trascender de los seres humanos y globalizarse en lo que se refiere al respeto por animales, por la flora, por el medio ambiente y, en definitiva, por un futuro compartido.

Ante esto no queda más opción que ser estoico: las cosas no cambian de un día para el otro, y no caminamos antes de gatear, por lo que está claro que, hasta que no respetemos a nuestra propia especie, no respetaremos el resto de especies que comparten el planeta con nosotros.

Reservo unas páginas más con el fin de comentar algunas cuestiones que han quedado por el camino; no todas, claro que no, y quizá no aquellas más importantes, sino únicamente aquellas que he creído que debían ocupar estas páginas. Quizá en un futuro haya más, y si no las hay, que quede aquí mi mensaje: *hakuna matata*, pero de verdad y, si puede ser, mejor que lo proclame un facóquero con el ejemplo.

## CAZA DE CONTROL VS. CAZA FURTIVA

Si a estas alturas dijese que respeto la caza, quizá termine por liar al lector o lectora. Y no, no respeto la caza; no respeto la caza más de lo que respeto la pesca y directamente condeno ambas prácticas por diversión y, por encima de todas ellas, la caza y la pesca furtivas.

En este punto, la diferenciación que creo que debemos tener presente es el utilitarismo de la misma. Tenemos que empezar por aceptar que el trato que impartimos a los animales como sociedad es, en la mayoría de los casos, tremendamente utilitarista.

De este modo, la caza y la pesca tienen una utilidad de primer nivel: consumo, y si bien podemos condenarlo mediante razones totalmente legítimas (no existe la necesidad de consumir otros animales, es cruel, no es ético y un largo etcétera), nada tiene que ver con la muerte de un animal por entretenimiento.

Así, y en la misma medida, se puede sustraer sin dificultad mi opinión sobre cualquier celebración en la que un animal, sea el que sea, sufra daño o la muerte por diversión (escatológica). Sean corridas de toros, fiestas patronales o similares. Matar por diversión trasciende cualquier componente utilitarista, y convierte el especismo en una actitud de egoísmo exacerbado.

En su origen, la caza, al igual que la pesca, surge por razones de subsistencia. Como sabemos, la única diferencia es el medio donde capturamos y matamos a estos animales. En numerosísimas zonas del mundo, además, han existido serios problemas para la supervivencia a través de los cultivos. Hoy, la globalización, el mercadeo e incluso los factores positivos de la biotecnología vegetal (cultivos transgénicos o agricultura hidropónica, por ejemplo) facilitan que estas alternativas alcancen gran parte del globo.

Así, si bien nadie en su sano juicio le diría a un esquimal que comete un error asesinando a un animal para sobrevivir en un páramo glacial en el año 1800, hoy, un activista podría intentar convencer a los descendientes de aquel hombre del Ártico para vivir en zonas donde el consumo de fruta, legumbres y hortalizas a través de una dieta sana y equilibrada[26] evitase que matara a focas y otros animales para vivir[27].

Pero, por ahora, solo hemos visto una cara de la moneda. ¿Qué ocurre cuando los lobos bajan de la montaña y atacan a los rebaños de un pueblo dedicado al pastoreo? ¿Qué hacer cuando los jabalíes descienden hasta el centro de una metrópolis como Barcelona? Cabe preguntarse entonces por qué los lobos se arriesgan a bajar hasta un pueblo y atacar a un rebaño, y algo similar con los jabalíes.

Somos nosotros quienes hemos alterado el correcto funcionamiento de un gran número de ecosistemas, y los que exigimos que estos se adapten a nosotros. No obstante, centramos nuestra atención en el ataque de lobos a rebaños (Fernández, 2014), casi

---

26 Sí, he obviado muchas premisas aquí, como si una dieta sin proteína animal es total y absolutamente autosuficiente, por ejemplo. Por lo que hemos visto con anterioridad, todo apunta a que así es; no obstante, es un debate donde es deber moral de cada uno informarse y acoger una posición.

27 De algún modo, en lugar de ir a ver cómo vive un esquimal, como hizo Robert Flaherty para la grabación de *Nanuk, el esquimal* (Flaherty, 1922), nos llevaríamos a Nanuk a nuestro entorno e intentaríamos que se adaptase al modelo que comentábamos. Esta hipótesis entraña muchas dudas y solo es un ejemplo que en ningún momento pretende más que servir al planteamiento, por lo que no responde a cuestiones básicas como hasta qué punto el entorno configura a los individuos que en él residen.

ochocientos a lo largo de los 365 días, y aportamos como única solución la caza selectiva de ejemplares de lobo ibérico que habitan en España. Absurdo cuanto menos; no solo porque el lobo ayuda a controlar la población de otras especies, sino porque estamos alterando el funcionamiento de diversos niveles tróficos sin contar con una imagen real (y global) del problema.

Dicho de otro modo, decidimos matar lobos para salvar aproximadamente unas doscientas cabezas de ganado (nombre que me repugna, pues demuestra una concepción totalmente utilitarista de otras especies); para ello, damos caza a su principal agresor: el lobo.

Acabamos con él. No buscamos una solución duradera con perros de guarda (molosos, como el mastín o el cimarrón, por ejemplo), con burros zamoranos (*Público*, 2015) o analizamos por qué estos animales se arriesgan a bajar hasta núcleos poblados (siendo un predador que ya lo ha hecho, tradicionalmente, no obstante), tampoco prevemos lo que sucederá con la proliferación de ciervos, jabalíes o corzos o cómo afecta la caza a una especie amenazada como el lobo ibérico[28] en nuestro país.

Quizá ocurra alguna vez que, por error humano, sea necesario el control de una especie. Por ese mismo error humano, las poblaciones de jabalíes en la sierra de Collserola (Barcelona, España) se multiplicaron; la razón: el cruce entre cerdos vietnamitas abandonados y el jabalí local (*La Vanguardia*, 2014).

Sin embargo, la cadena trófica se autorregula sin complicaciones: igual que lo ha hecho durante milenios. ¿Qué ocurre pues? A veces, la culpa parece recaer en nuestro propio ego. Allí

---

28 Una visión menos seria pero muy realista de estas políticas, que no se suscriben únicamente a España, puede verse en el episodio de *Los Simpson* titulado «Bart, la madre» (episodio 206), donde Bart mata a un pájaro accidentalmente y cuida de sus huevos que, finalmente, resultan ser crías de lagartija de árbol boliviana.

donde había un gran número de lobos, por seguir con el mismo ejemplo, al norte y al sur del Duero, se establecen grandes grupos humanos, desempeñan actividades, luchan por el control total de la zona y expulsan a otras especies, que no tienen lugar hacia el que dirigirse.

Generamos, entonces, otro problema para el medio ambiente, y cuando este nos abofetea en la cara, de una u otra forma lo convertimos en propio sin tener presente todo aquello que lo precede. Lo siento, pero no puedo más que dudar del papel mesiánico de la caza para el control de las especies. Sí creo, no obstante, que existen situaciones en las que es imperativo tomar una decisión, y la más simple es descolgar la escopeta, pues siempre hay alguien que está anhelante de abatir aquello que se mueve entre las matas.

De cualquier modo, dividiríamos en tres niveles la caza: la furtiva, penada por atentar contra los ecosistemas y la fauna animal para beneficio propio; la caza de control, destinada a mantener dentro de unos rangos razonables las cifras o el número de individuos de una especie, y la caza deportiva, que se ocupa de matar a otras especies por entretenimiento.

La primera de estas suele condenarse social y políticamente, y aunque no siempre se toman las medidas adecuadas para prevenirla, muchos países han demostrado ser conscientes del peligro de la extinción o merma de especies en sus ecosistemas; aquí el mayor de los problemas es la falta de recursos para perseguir a quienes la practican (como la caza de elefantes por su marfil), si bien está públicamente condenada y perseguida.

En lo que se refiere a la caza de control, sin embargo, su práctica está regularizada y legislada, y la disposición de la mayoría es neutral ante ella. Muy centrada en los puntos positivos, como la alimentación humana o el control de especies para evitar plagas, a menudo se obvian otras posibilidades o el núcleo central del problema, por lo que año a año esas emergencias cinegéticas se repiten, convirtiéndose en la norma.

Esta modalidad de caza, que no solo tendría un fin, sino que, objetivamente, podría llegar a tener un sentido a corto y medio plazo, debería acompañarse de políticas educativas y ambientales para prevenir que estas situaciones se solidificasen, así como ir acompañada de la búsqueda de otras alternativas.

Por el contrario, llama fuertemente la atención que las mismas asociaciones de caza que se dedican a la vertiente deportiva sean las que controlen el meollo de la cuestión. No quienes lo lleven a cabo —que evidentemente siempre será mejor que lo haga aquel que sabe cómo empuñar un rifle que aquel otro que, por error, se dispara en un pie al apuntar—, sino quienes tienen el dedo sobre el botón, el poder de decidir y aquellos que controlan e incluso difunden la caza de control como la única alternativa, y no como un recurso que debería estar siempre a la cola en la toma de decisiones.

Es, por lo tanto, imperativo que en los consejos de caza haya personas formadas en esta disciplina y, sobre todo, en el respeto a la naturaleza. Con el fin de intentar que cada batida no se convierta en otra oportunidad para practicar deporte, sino en un medio que tenga como destino un fin concreto siempre que no exista otra alternativa.

Por último, es la caza deportiva aquella de la que más podríamos hablar y, sin embargo, de la que menos podemos decir, ya que la caza no difiere en absoluto de la pesca más allá del medio; podemos aceptar que un corzo o un ciervo nos cautivarán más que un mero o una merluza, pero eso no hace que nuestra acción, se lleve a cabo con una escopeta o con una caña de pescar, no sea sinónima.

En cualquier caso, si aceptamos «cazar» peces, no podemos defender que no se deberían cazar codornices, perdices o palomas torcaces, pues nuestro único argumento sería que nos caen mejor o nos parecen «más majas».

A lo largo de los capítulos precedentes, hemos visto lo que supone la empatía y el compartir un ecosistema, lo que nos acerca a otras especies y, por el contrario, cómo nos separa cognitivamente el estar alejados unos de otros. Para sentirnos cercanos a otra especie, necesitamos dos factores: una relación de cercanía (medio) y una relación de semejanza que permita empatizar o reconocer algo de nosotros en ellos.

De este modo, la mayoría de nosotros tenemos perros de mascota y no bichos palo que, además, suelen asquearnos, y sobre todo nos asquean más que a nuestros abuelos, y más todavía si vivimos en la ciudad y no en el campo.

En resumidas cuentas, la caza deportiva seguirá existiendo mientras comamos carne, porque se apoya en el utilitarismo de la muerte de ese animal y en el control de su especie. O mejor dicho, en la falta de necesidad de un control. Por ello, no existen apenas restricciones con respecto a la caza menor, pues hay muchos ejemplares y la práctica no está excesivamente extendida hoy día, por lo que su preservación se convierte en una necesidad menor, si no inexistente.

Cabe señalar, como mínimo, que la mayoría considera la caza menos grave cuando se da un uso al animal y se impone el bien global por encima del entretenimiento o la afición, pero no cuando ocurre al contrario y la especie está amenazada o se cazan ejemplares de una especie a los que no se dará un uso (por un número excesivo, por ejemplo).

Ante todo, se trata de conocer aquello que hay a nuestro alrededor, formarnos una idea argumentada y darnos el gusto de criticar o pelear, con conocimiento de causa, contra aquello que no compartimos o que, directamente, repudiamos. Ese es el camino para que dejen de zumbar sobre nuestras cabezas los rifles y las escopetas, o que suenen solo aquellas que deban sonar, si las hubiera.

## EL EGOÍSMO DE LA NECESIDAD

Por regla general, no escogemos lo mejor, sino lo sencillo. Somos muy animales en eso, pero en el buen sentido, digo. Si alguna vez haces un curso de adiestramiento, comprobarás que a un perro no se le ocurre hacer el pino antes que tumbarse, porque lo que quieres que haga (el pino) es muy cansado, y antes probará mil cosas que no son tan difíciles.

Lo que nos ocurre a nosotros no es muy distinto. Es más sencillo creer que las cosas están bien como están, pese a ser terriblemente complicado aguantar un sistema carnista[29] como el actual; por eso son los vegetarianos quienes son antisistema, o deben explicar su decisión y su forma de vida y consumo con razonamientos éticos que se atacan constantemente mientras que los consumidores de carne quedan dentro del sistema. Dicho de otro modo, «tanto "feminista" como "vegetariano" nos evocan imágenes de un conjunto de personas que tienen creencias concretas, alguien que no es como todos los demás» (Joy, 2010, p. 36).

No obstante, irónicamente, mientras un vegetariano no daña (o favorece que esa acción ocurra) a ningún animal para vivir, un carnívoro toma la decisión consciente de mantener un sistema violento. Al primero se le exige una explicación (está fuera del sistema), mientras que al segundo se le permite actuar

---

[29] El término «carnista» (*carnist*) lo he sustraído directamente de la obra *Por qué amamos a los perros, nos comemos a los cerdos y nos vestimos con las vacas*, de Melanie Joy, de la que ya hemos hablado con anterioridad, y describe la idea de una sociedad basada en el consumo de carne que ha aceptado unos determinados planteamientos éticos, introduciéndolos en el interior de su estructura y naturalizándolos.

sin responsabilidad ética. Algo ocurre aquí para que un sistema basado en una ideología violenta y en torno a la violencia física sistematizada sea aquel que pide explicaciones a otro sistema autosuficiente que no daña a ningún ser vivo.

La respuesta aquí es doble: por un lado, ya hemos visto que se trata de un sistema anclado (como el resto de formas de consumo) en un modelo capitalista y en una política neoliberal, por lo que no es que se tenga que seguir produciendo para mantener la infraestructura, sino que cada vez debe producirse más (en este caso, criar y matar más); a su vez, si cada vez desciende más el número de consumidores (tanto por aquellos que no consumen, como por aquellos que consumen un porcentaje menor), el sistema no puede sobrevivir.

Por ello resulta imperativo seguir atacando e incluso criminalizar otras alternativas; así, se procura que el sistema carnista se mantenga dentro de la estructura, pues la invisibilidad, la ilusión de normalidad (o la verdad de la mayoría) y la complicidad de las partes son los tres requisitos indispensables del sistema actual.

De cualquier modo, esto dista mucho de intentar convencer a nadie: ya dije al principio que ese no era el fin de este texto. Lo ha hecho gente más preparada, más inteligente y con mayores conocimientos en todos y cada uno de los campos que yo he tocado a lo largo de estas páginas, y aun así, soy pretencioso al respecto. Lo admito. Porque creo jugar con ventaja. Porque sé que todos vemos a nuestro alrededor que hay algo raro en toda la comida que se tira a los contenedores, que ni se recicla ni se aprovecha (*staff* de EFE, 2012); sé que es raro que todo sean impedimentos para hallar, visitar y compartir lo que ocurre en un matadero de animales (¿por qué querríamos hacer eso, no?), y sé que todos vemos fatal el trato a los animales en las granjas industriales (recuerda que son la gran mayoría) y la muerte sistematizada sin necesidad; al fin y al cabo, consumas carne y pescado o no lo hagas, si hay algo que seguro que la mayoría no comprende ni comparte es por qué hacer sufrir y matar a animales que terminan en los cubos de basura.

Hoy, mañana, cada día, estás tomando decisiones que afectan a los que te rodean. A todo lo que te rodea. Y sé que el sistema, e incluso quizá tus profesores desde la primaria hasta la universidad, o tus padres, o tus amigos y amigas, te han dicho que no se puede cambiar el mundo, pero eso es una *gilipollez*.

Cambiamos el mundo cada día, y lo hacemos tanto a mejor como a peor. Y no hace falta que venga David Brower —fundador de Amigos de la Tierra— a decirte *Think Global, Act Local* (piensa globalmente, actúa localmente), o que te intente convencer una ONG[30], o tu amigo *hippie*, es que no dejamos de hacerlo; sí, lo hacemos mediante cadenas de acción, a través de figuras y cambios que marcan la historia y con otros que se pierden en un cúmulo de sucesos. Todo vale.

Si hay algo verdaderamente egoísta es seguir la corriente; lo estés haciendo conmigo leyendo este libro y obviando dentro de un par de horas todo lo que yo me he molestado en escribir y tú te has molestado en comprar, lo hagas comiendo carne, tratando mal a tu perro o siendo un mal hijo, hija, padre o madre. Si hay algo verdaderamente egoísta es escoger lo sencillo frente a lo mejor, porque cuando escoges lo mejor nunca es egoísta. Piensa una cosa que sea única y exclusivamente mejor para ti. En serio. Somos animales sociales.

Quizá comernos los unos a los otros sea natural, sea necesario, pero la estructura que hemos creado no es la mejor, no es ni

---

30 La mayoría de las ONG no quieren que te vayas a Camboya —probablemente, si no lo tienes claro, molestarías más que ayudar—; por el contrario, sí les interesa que tomes conciencia y ayudes en la medida de tus posibilidades. En serio, envíales un *e-mail*, y pregunta. No te van a querer ahí así como así.

tan siquiera buena en el ámbito económico a medio plazo, y en absoluto es bueno para nuestra salud: si no compartes esa idea con el tema de la carne, míralo desde el punto de vista de las reservas de agua potable (Hazte Vegetariano, s.f.). Solo es una solución cómoda; una solución que requiere el mínimo esfuerzo; y una solución que, en realidad, no es solución, sino egoísmo y ausencia de un futuro real.

## EL CICLO DE LA VIDA

Volviendo al clásico de Disney, todos recordamos cómo Rafiki asiste el parto de Simba y, a continuación, lo eleva frente a una multitud de especies que aclaman al nuevo príncipe. Allí hay cebras, antílopes, suricatos, leopardos, pelícanos rosados, gacelas, jirafas y muchas otras especies que cruzan la sabana para darle la bienvenida.

Evidentemente esta situación no es real, pero todos los animales que allí se dan cita forman parte de una cadena trófica de varios eslabones. En ella, el león ocupa la posición dominante, como predador, compartiendo ese nivel con otros animales como el guepardo y, al paso de la cámara, vemos herbívoros que no dejarían de ser la cena de los primeros, mientras que otros, por su tamaño o lentitud, mantienen una relación menos cercana o directa, como el elefante, el rinoceronte o el hipopótamo.

En esta cadena, el ser humano ocupó una posición intermedia durante cientos de miles de años, y no la cumbre de la misma como, a menudo, se nos intenta hacer creer; y, aun hoy, hay ciertas reticencias a definir un nivel exacto para nosotros (Hoag, 2013) que, como omnívoros, deberíamos estar, como mucho, por encima de los herbívoros y a los pies de los carnívoros y de los carroñeros.

Sin embargo, la tecnología ha supuesto tremendas modificaciones al respecto, y la ciencia tampoco ofrece una división simple como respuesta ya que los científicos, más que nadie, saben que si bien la explicación más simple suele ser la correcta[31], la ciencia pocas veces suele ser simple en sí misma.

Así, nos asaltan varias dudas, la más remarcable de las cuales sería si la tecnología convierte a una especie en predadora o si bien seguimos definidos por la dieta de nuestros ancestros. Mientras tanto, ahí está el peligro de creernos por encima de toda esa cadena alimentaria. Lo que no solo es absurdo, sino que además es erróneo: porque la tecnología no altera nuestras características físicas, no supone cambios en la dentición, ni tras más de veinte mil años cocinando carne, nos permite arrancarla directamente de nuestra víctima aún viva.

Eso no se consigue con un rifle automático o una bala de nueve milímetros entre las manos, y mucho menos con una simple lanza. Es más, debemos tener presente que todas esas armas u otros útiles y herramientas han producido el desarrollo inverso (Plasencia, 2014), es decir, un proceso paralelo de evolución o (mal llamada) involución humana. El ejemplo más común lo tenemos en las gafas y en las lentillas, pero sobre todo en Internet y en las tecnologías digitales que, actualmente, acogen muchos de los debates sobre neurociencia y neuroplasticidad cerebral.

El ciclo de la vida nos enseña innumerables cuestiones de interés: desde cómo nacemos hasta cómo crecemos y morimos; pero es la evolución a lo largo del tiempo aquel concepto que nos permite conocernos de un modo completo; tanto a nosotros mismos como a aquellos que estuvieron antes, así como al resto de

---

31 El argumento de la navaja de Ockham es un principio metodológico y filosófico aplicado a múltiples disciplinas, como la economía, la lingüística, la teología y, por supuesto, las ciencias aplicadas.

especies animales con las que compartimos o hemos compartido el espacio en algún momento de la historia de la humanidad.

A través de este círculo se sustrae cómo la razón y la inteligencia abstracta han separado a los seres humanos de otras especies, y esto nos permite evaluar si nuestro trato con la flora y la fauna, e incluso nuestra afectación frente a los entornos, es lógico, racional y bueno, o es ilógico, irracional y pernicioso para el resto e incluso, en algunos casos, para nosotros mismos.

De igual modo, de las cadenas tróficas y del ciclo de la vida surgen ideas como la selección natural o la evolución, que también nos afectan positiva y negativamente. Nuestra decisión, entonces, no siempre es correcta y, a menudo, escogemos aquellos retazos de realidad que nos interesan, por ejemplo, cuando queremos fundamentar una acción porque también somos animales, frente a la preparación de razonamientos inversos cuando es necesario racionalizarla.

Somos muy humanos, y nos regimos por un sistema judicial y social que no nos permite matarnos los unos a los otros, ni actuar movidos por la violencia, ni devorar a nuestros hijos cuando creemos que no podrán adaptarse a la sociedad… Todo eso lo vemos absurdo y, en estos casos, no somos animales. Somos personas, seres humanos, mentes racionales, y como tal, nos reconocemos más evolucionados y poseedores de un mayor número de derechos a nivel personal y colectivo frente a otros seres sintientes.

Por el contrario, cuando nos interesa, hacemos uso de ese mismo argumento para defender que los animales se comen a otros animales —si bien solo los predadores y los carroñeros lo hacen habitualmente, y siempre comen la carne cruda y sin despiezar—. Nosotros, que contamos con un sistema digestivo propio de los omnívoros, también podemos alimentarnos de animales vivos y de carroña (o podíamos, hoy día ya vimos que no es tan deseable, desde luego). La evolución nos ha dotado de esa posibilidad gracias a la que podemos sobrevivir en un mayor número de situaciones, igual que el oso pardo, una piraña o las moscas.

Sin embargo, esto no es un argumento, ni una necesidad. El consumo de carne es una característica con la que cuenta nuestro organismo, no una obligación física. En cambio, la decisión de consumir carne y pescado como complemento o como dieta básica es una decisión moral producto de una ética.

Restaría por discutir si mantener esa ética es una decisión individual, a lo que todo apunta, o el sistema nos obliga a través de ciertos mecanismos sociales, económicos y de castigo (Rojas, 2002). Sea como sea, lo que parece indiscutible es que no necesitamos *tanta carne* para sobrevivir, y sería interesante atestiguar de una vez por todas si es necesaria para vivir o si, por el contrario, podemos prescindir de ella.

Lo que sí parece que la mayoría necesitamos es una gran distancia entre el animal vivo (un cerdo) y la carne para el consumo (cadáver, despiezado, fileteado y conservado). Así, la estructura social favorece esta separación entre concepto y etimología: es más difícil comer lengua de vaca o cara de cerdo que beicon o chuletas. De igual modo, cuesta menos comer criadillas que testículos, ¿verdad?

Como ves, somos tan humanos que hemos creado, paulatinamente, un sistema que se mantiene en todo momento lejos de la muerte, lo que entre sus múltiples peligros supone que contamos con una ética y apoyamos un sistema totalmente contrario a la misma.

Así, abogamos por la preservación del medio ambiente y el respeto por los animales, pero tenemos enormes industrias cuyas acciones, cada segundo, están violando nuestras creencias con nuestra complicidad de su lado. Estamos lejos de sus muertes, y su sufrimiento está escondido e insonorizado, o demasiado lejano como para que alguien lo oiga, pero somos nosotros quienes estamos pagando para que esa muerte se lleve a cabo por un tercero.

En nuestro planteamiento social, el cerdo muere en la habitación de al lado mientras nosotros defendemos los derechos de los animales. Aquí solo vemos las chuletas, el beicon o la carne picada, pero esa ética se mantiene bajo premisas falsas y autoengaño. Lo ocultamos espacial, temporal y etimológicamente, pero ahí sigue. No desaparece.

Podemos tomarnos la licencia de decir «yo nunca le haría daño a un animal» porque miles de trabajadores en cada ciudad del mundo lo hacen por nosotros. Pero el daño está ahí, solo lo hemos dotado de invisibilidad. Y eso es fácil cuando uno mismo coge la venda y se la anuda alrededor de sus propios ojos.

## RECETAS PARA VEGETARIANOS

O quizá deberíamos encabezar el apartado con un «cómo convencer al mundo de que los locos son ellos», ¿no? Ese también habría sido un buen título para abrir este apartado.

Necesito dedicar unos cuantos párrafos a esto, aquí, en esta especie de cajón de sastre; necesito intentar abrir un diálogo con todos los que se preocupan para, como mínimo, crear un lugar mejor para todos. Y empiezo diciendo que, muchos, *os estáis equivocando*. En serio. E igual que con todo lo anterior, mi intención es razonarlo y aportar toda aquella información de la cual dispongo.

Cuando empecé a informarme sobre estos temas que nos afectan a todos, diariamente, y de modos que, a menudo, ni tan siquiera imaginamos, entendí que la gente no quiere que se les diga lo inhumanos y malas personas que son.

Siento un profundo respeto por los millones de personas a las que han alcanzado las conferencias y las intervenciones televisivas de Gary Yourofsky —a quien también admiro y respeto—, pero cuando habla sobre el veganismo e incluso el vegetarianismo adopta una actitud muy cercana a la de un superior que juzga, castiga y condena.

Dejar de comer carne (proteína animal) y, sobre todo, dejar de matar animales, no tiene que convertirse en un sustituto del actual sistema carnista, sino en una evolución natural del mismo. Si lo que se lleva haciendo diez mil años —y de forma intensiva e insostenible casi setenta— es un error, debe llegar el momento en el que todos digamos: «De acuerdo, nos equivocamos».

Entonces, en esa situación, como sociedad, cada uno asumiremos parte de la culpa, y si bien no será sencillo pensar en que durante siglos hemos matado animales para sobrevivir sin necesidad, y mucho después hemos criado y exterminado de forma industrializada un número tal que casi hicimos desaparecer cualquier posibilidad de supervivencia de nuestra propia raza, lo superaremos. Y los animales, que siempre demuestran ser mucho mejores que las personas, terminarán por perdonarnos.

Por el contrario, si seguimos simplemente informando sobre alternativas al sistema actual y criminalizando las acciones que este comete, todo se dilatará mucho más de lo necesario. Yo mismo he hablado sobre la relación directa entre la industria cárnica y los sistemas de muerte automatizada que se habían instalado en Auschwitz, Birkenau o Dachau. Pero en serio, ¿cómo vas a caer bien o a empatizar con alguien al que le estás diciendo que es un *nazi* por comer chuletas de cerdo? ¡Te lo estás poniendo en contra!

Llevo años colaborando con agencias de *marketing* y la mejor forma de convencer a alguien nunca es diciéndole cuánto se equivoca si no adquiere un producto, adopta otro estilo de vida o cambia de colonia; *siempre* consiste en llevarle hasta el objetivo de la forma más natural que sea posible.

Desde el punto de vista filosófico, recuerdo un texto de Ayn Rand que viene que ni al pelo para explicar el ideal que aquí defiendo. Dice así:

> No considere a los colectivistas como «idealistas sinceros pero engañados». La propuesta de esclavizar a algunos hombres por el bien de otros no es un ideal; la brutalidad no es «idealista», no importa cuál sea su propósito. Nunca diga que el deseo de «hacer bien» por la fuerza es un buen motivo. Ni la impetuosidad ni la estupidez son buenos motivos.

Por ello, «Recetas para vegetarianos» no es un apartado de cocina, sino los tres puntos clave que, en cualquier caso, a mi modo de ver, van a ayudarnos a convencer, y en ningún momento a imponer. Porque es una evolución natural, no una guerra; y son cambios que no suceden de un día para el otro.

## 1. La necesidad

El hecho de que haya millones de personas que siguen una dieta vegetariana o vegana saludablemente demuestra que es posible vivir sin carne ni pescado. Aquí, sin embargo, el planteamiento es muy similar al del exfumador que cree que nunca podrá disfrutar de la vida sin fumar. Entonces, dejas de fumar, y compruebas que un cigarro o un paquete diario es un elemento que forma parte de tu vida, pero que no necesitas. Todos necesitamos comer, y nos gusta comer bien, pero podemos llegar a la misma conclusión con respecto a la proteína animal.

En esta situación concreta, una persona que reduce o suprime su consumo, llega a dudar sobre la necesidad de su consumo, y no necesita demasiado tiempo para tomar consciencia.

A ello, no es extraño que advierta digestiones menos largas, que va mejor al baño, que no se llena tanto comiendo… Al fin y al cabo, aunque mantengas una dieta de omnívoro oportunista (lo que somos los humanos por definición)… ¡deberías seguir siendo 90% vegetariano!

Si, los huevos y el queso son suficientes para alcanzar los niveles de vitamina $B_{12}$ y las proteínas pueden extraerse de fuentes de origen vegetal, empecemos por ahí. Y si los herbívoros de los que la industria cárnica extrae la carne no consumen hierba y vegetales de modo directo, que demuestren si es suficiente con el consumo de pienso o si deben dar a los animales los mismos complementos de vitamina $B_{12}$ que toman los veganos y algunos vegetarianos.

No podemos luchar sin armas, necesitamos conciencia social y leyes. Si las leyes quedan fuera de nuestra jurisdicción, esa debe ser la prioridad. Explicad a los carnívoros por qué hay millones de personas que consumen carne diariamente y tienen déficit de $B_{12}$.

Traducid esta idea y plantádsela en los morros:

> No obstante, el ganado ya no se alimenta de hierba, y los pollos no picotean en el suelo de las granjas industriales. Además, aunque lo hicieran, los pesticidas a menudo matan la vitamina $B_{12}$ que producen las bacterias y los insectos presentes en la tierra. Los antibióticos pesados eliminan las bacterias productoras de $B_{12}$ que se encuentran en los intestinos de los animales de granja. Por ello, con el fin de seguir manteniendo la carne como una fuente de $B_{12}$ pese a estos dos factores, la industria cárnica añade esta vitamina en la alimentación del animal de forma artificial: el 90% de los suplementos de $B_{12}$ del mundo son alimento para ganado. Incluso si una persona únicamente comiera carne orgánica alimentada con pasto es posible que

no fuera capaz de absorber la vitamina $B_{12}$ unida a la proteína animal. Así pues, podría ser más eficaz saltarse el consumo de los animales y obtener la $B_{12}$ directamente de los suplementos (Rooke, 2013).

Esa es el arma, o el talón de Aquiles del vegetarianismo y, sobre todo, del veganismo. Blindadlo; blindad esa idea. Desde fuera, los niveles de desinformación son sorprendentes, y al sistema actual esto lo favorece, pero a los defensores del vegetarianismo o el veganismo, no. No deis nunca nada por sentado, porque ellos sí lo han hecho. Ellos creen que su teoría sobre la $B_{12}$ es perfecta, y probablemente esta sea su mayor debilidad.

Empecemos por crear cientos o miles de posibilidades de alimentación, de tablas de aporte nutricional, de aporte de proteínas, vitaminas y minerales como ya ha hecho la comunidad vegetariana. Empecemos por demostrar que es posible y, vistos los inconvenientes del consumo de proteína animal, más saludable no consumir carne y pescado a hacerlo, y convertiremos su mayor fortaleza en una debilidad más.

## 2. El sistema

¿Cuál es el mayor hándicap si queremos hacer que la industria cárnica (y pesquera) desaparezca? Su invisibilidad. No estar dentro del sistema. Dominar desde las alturas. O haber convertido a los activistas vegetarianos o veganos en los nuevos rojos, en el enemigo: en terroristas (Plaza y Valdés Editores, 2013), como apunta Will Potter en su libro *Los verdes somos los nuevos rojos*.

Todo consiste en darle la vuelta a la tortilla. Si difundir el testimonio de cerdos, terneras y pollos tratados de forma dantesca en los mataderos es ilegal, convirtámoslo en legal. Empecemos por convencer a la gente de que el sistema no es transparente, y cuando la sociedad comprenda que no se sabe lo que ocurre en granjas industriales y mataderos, que nadie, excepto aquellos que allí trabajan, ve lo que sucede y cómo sucede en el interior (y lo que eso supone a nivel de seguridad alimentaria), obliguemos a los estados a firmar nuevas legislaciones de control y acceso a los mismos.

Permitamos que cualquiera tenga la potestad de acceder a un matadero, obliguemos a los gobiernos a establecer políticas de control y transparencia reales, busquemos el modo de iniciar un diálogo global entre todos y hallemos el modo de que cualquiera pueda ver cómo y de qué manera se produce la carne, y la gente empezará, como mínimo, a plantearse por qué come carne.

Y aquellos que decidan seguir haciéndolo, lo harán con conocimiento de causa y de una forma, primero, minoritaria, y segundo, *mucho* más humana. Porque ya hemos visto que, cuando un sistema es invisible, su ética también lo es. No seremos libres hasta poder decidir si queremos consumir carne o no hacerlo, porque existe una imposición: que también es invisible, y no por ello deja de imponer.

### 3. Su pervivencia

Queda un tercer frente que se abre con fuerza y que nos dice que *no* se puede mantener. No es posible, si mantenemos esta dinámica acabaremos con el sistema o terminaremos matándonos los unos a los otros. Acabaremos con las reservas de agua potable; contaminaremos de forma irreversible el medio; nos suicidaremos con conocimiento de causa.

La necesidad, la urgencia y el interés colectivo son tres puntos a tener presentes. Pocos lo ven. Como comentaba anteriormente, a nadie le preocupa el medio plazo, porque no es presente, y es *tan* intangible como el futuro. Sea bueno o sea malo, no es hoy, y eso hace que, aquello que llegado al presente sería una preocupación ya irresoluble, en ese futuro alejado de nosotros se convierta en una inquietud menor.

Los primeros vegetarianos se organizaron a mediados del siglo XIX; hoy, el porcentaje crece anualmente, si bien dista mucho de la mayoría omnívora —por englobarla de algún modo— que consume tanto productos de origen animal como vegetal; solo podemos crear un cambio real desde la aceptación de todas las partes, y quizá para ello nuestra pervivencia como especie sea la razón más poderosa a través de la que cimentar unas bases de diálogo e, irónicamente, proteger a otros seres a la vez.

Sin embargo, esta, por sí misma, ha sido aquella más censurada —al menos, durante muchas décadas—, pues, de algún modo, resulta complejo percatarse que, ese modelo de explotación que se ha gestado es el mismo que amenaza nuestra supervivencia como especie; por ello, si conseguimos destapar ese velo de la necesidad, las armas se multiplicarán hora tras hora. No para convencer o no hacerlo, sino para que todos podamos contar con una capacidad de decisión real sobre la vida y la muerte.

*Saber*, de eso trataba todo esto, ¿recuerdas?

# 9 EPÍLOGO. SOY PORQUE NOSOTROS SOMOS

*Si no nos dejáis soñar, no os dejaremos dormir.*
Lema del 15-M (Spanish Revolution)

*Lo único que necesita el mal para triunfar
es que los hombres buenos no hagan nada.*
Edmund Burke (1729-1797)

A veces, a mediodía, los perros parecen mirarme como sin entender, tostándose al sol en el jardín. Yo les observo, esforzándome por comprender cómo pueden vivir siempre con la muerte tan cerca de sus patas; ellos también me observan a mí: no parecen entender qué hago ahí, de pie, preocupado, melancólico, y no tumbado entre ellos, disfrutando de nuestra propia eternidad por un instante.

Después de cinco o seis años, cuando cojo las llaves y salgo por la puerta, todavía no entienden dónde leches voy sin ellos, y empiezo a creer que no lo harán nunca. Imagino que piensan que, o bien debería quedarme allí, con ellos, o bien deberían venir conmigo y, sin saberlo, continúan ejemplificando ese tipo de fidelidad especial.

También existen personas y grupos de quienes podemos tomar ejemplo. Algunos de estos referentes se encuentran en la cultura popular, o en sectores concretos que aportan conocimiento o experiencia a nuestras vidas; pero quizá no siempre los encontramos tan cerca como desearíamos.

Para terminar de recopilar todas estas ideas, sabía que *debía* hablar de los pueblos zulú y xhosa, del que era originario el activista, político y filántropo Nelson Mandela; con estos últimos, hay una historia curiosa que no podía dejar de explicar, una historia que intuía que ayudaría a cerrar este texto y cuya traslación a un contexto occidental terminaría por abrir unos cuantos ojos.

Voy a intentarlo.

Se cuenta que en las primeras intervenciones antropológicas entre los xhosa, quienes habitan en varias regiones de la actual Suráfrica, uno de ellos les propuso a los niños una prueba en forma de juego. Con ella, muy probablemente, quería evaluar aspectos de su sociedad: la unión entre los miembros del grupo, el egoísmo inherente, la estratificación social, el valor de las cosas y un largo etcétera.

Con este fin, el antropólogo colocó una cesta de frutas a cierta distancia y dispuso a los niños uno al lado del otro; seguidamente les informó de que aquel que llegase antes a la fruta la ganaría. Cuando dio la señal de inicio, y por mucho que miraba, no conseguía entender qué estaban haciendo los niños: estos se cogieron las manos y avanzaron al unísono hasta la canasta; todos ganaron, o todos perdieron: en realidad, no importaba.

Mientras devoraban la fruta, este les preguntó por qué no habían competido por ella; en tal caso, el ganador habría podido comerse toda la canasta y no tendría que haber compartido la fruta que contenía. Con naturalidad todos contestaron: «*Ubuntu*». Y rápidamente le preguntaron: «¿Cómo podría uno de nosotros sentirse feliz si los demás están tristes?». En la cultura xhosa, *Ubuntu* significa «yo soy porque nosotros somos».

Todos nosotros hemos olvidado qué significa ser parte de algo más grande. En algún momento se nos vendió el ideal de individualidad como la panacea, pero ser significa ser parte de algo más; mirar en rededor y ver en los demás el reflejo de nuestras acciones. A la mayoría nos gusta lo que se siente con el sol en la cara, el viento despeinándonos, el repiqueo de la lluvia de una noche de enero, el morro frío de un perro en la palma de la mano, la infinitud de una noche de amistad y alcohol unidos, la libertad de un valle verde y silencioso a nuestros pies.

Nos gusta ser parte de la naturaleza, y ser. Cabe preguntarse, pues, si ser significa vida y qué tipo de muerte significa también, si estamos conformes con lo que vemos, sentimos o hacemos; lo que nos hacemos a nosotros y lo que hacemos al resto. Preguntarse cuál es el siguiente paso, si aceptamos las cosas como las hemos hecho hasta hoy o buscamos el modo de construir un futuro más justo y más abierto a los cambios. Las cosas cambian constantemente; solo nosotros nos aferramos a intentar que todo siga igual. Pero eso no sucederá jamás, porque no es natural.

Nosotros somos naturaleza a otra escala. No importa que lo sepas hoy, o nunca, pero importa que sepas que eres parte de ese todo, que eres un animal; un animal que quiere cambiar su mundo, y puede; no dejes que nadie te diga lo contrario. Todo cambia, y es decisión tuya decidir si quieres ser parte de ese cambio y hacer.

Si has llegado aquí, te agradezco que te decidieses a compartir este camino conmigo. Un camino que a través de las líneas ha dejado de ser personal para buscar una sonrisa cómplice, una reacción (la que sea) y una actitud diferente. En este punto, quizá nuestras opiniones son distintas, pero no nuestros intereses;

ahora es el momento de luchar por un cambio en el futuro, pero hoy, en el presente.

Que se vaya a la mierda el medio plazo, ponte a buscar una solución para todo aquello que crees que está equivocado, y cámbialo. Cambiémoslo entre todos. Sigamos hablando, lleguemos a acuerdos, veamos si las tradiciones, las fiestas, el abandono animal, los circos, los zoos, los acuarios, las granjas y la industria, en general, están en lo cierto o se equivocan. Si cada uno forja una opinión, tendremos un ejército de pensadores formados; luego será momento de cruzar aceros a través de las palabras.

¿Y qué pasará entonces con las vacas, los cerdos y los toros en España? ¿Qué ocurrirá si los apartamos de nuestra concepción utilitarista y dejamos de usarlos, de sacarles partido? ¿Desaparecerán? ¿Podremos mantenerlos sin unas políticas que aseguren su conservación por una mayor riqueza de la fauna (e incluso de la flora)? Quizá la pregunta no sea esa. Es posible que lo que realmente debamos preguntarnos ahora, al final, es si es preferible una vida de sufrimiento y pesar a la no existencia.

Si para conservar al toro de lidia y a las vacas *debemos* hacer que sufran, quizá sea mejor abandonarlos a su suerte, y que, por fin, en algún momento, dejen de nacer para sufrir. O ayudarlos a capear ese sufrimiento, y evitárselo en la medida en que tenemos la posibilidad: en la medida en que no tenemos por qué procurárselo nosotros. Y es que como dijo alguien que nos sucederá a ti y a mí, «la vida está llena de soledad, miseria, sufrimiento, tristeza y, sin embargo, se acaba demasiado deprisa».

Quizá esa sea la clave, aceptar que una parte de nosotros sufre y otra hace sufrir, e intentar evitar que uno mismo y el resto sufran y hagan sufrir; recordar que yo soy porque nosotros somos, y tratar a quien tenemos a nuestro lado como nos gustaría ser tratados.

# BIBLIOGRAFÍA

**1. Un poco de historia: ¿qué fuimos?, ¿qué somos?**
Aiello, L. C., y Wheeler, P. (1995). «The expensive-tissue hypothesis – The brain and the digestive-system in human and primate evolution». *Current Anthropology*, 36, 199-221.
Balashov, Y. y Jansen, M. (2003). «Presentism and Relativity». Pittsburgh: University of Pittsburgh, Philosophy of Science Preprint Archive. Recuperado de http://philsci-archive.pitt.edu/525/1/presentism_and_relativity.pdf
Banegas, R. A. (2005). *Europa carnívora. Comprar y comer carne en el mundo urbano bajomedieval*. Gijón: Trea.
Brodwin, D. (2015, 23 de marzo). «Unsustainable America» [mensaje de blog]. Recuperado de www.usnews.com/opinion/economic-intelligence/2015/03/23/china-and-india-ready-to-lead-in-consumer-sustainability
Camps, J. (2002). «Orígenes del gato en el Antiguo Egipto». Barcelona: Campus virtual de la Universidad Autónoma de Barcelona. Recuperado de http://ddd.uab.cat/pub/jcamps/jcampsactpro/jcampsactpro_096.pdf
Cauvin, J. (1992). «Proceso de neolitización en el Próximo Oriente», en Aubet y Molist. Barcelona: Universidad Autónoma de Barcelona, *Arqueología Prehistórica del Próximo Oriente*, 1-16. Recuperado de http://www.raco.cat/index.php/TreballsArqueologia/article/viewFile/50026/264627
ChartsBin statistics collector team 2013 (2015, 7 de octubre). «Current Worldwide Annual Meat Consumption per capita». ChartsBin.com Recuperado de http://chartsbin.com/view/12730

De Jorge, J. (2013, 14 de noviembre). «Los perros se originaron en Europa hace más de 18 000 años». *ABC*. Recuperado de http://www.abc.es/ciencia/20131114/abci-perros-surgieron-europa-hace-201311141707.html

Grace, A., Coquerelle, M. y Colombeau, G. (2015, 5 de febrero). «3D morphometric analysis of fossil canid skulls contradicts the suggested domestication of dogs during the late Paleolithic». *Nature*. Recuperado de http://www.nature.com/srep/2015/150205/srep08299/full/srep08299.html

Gelabert, J. E. (2007). *El control de la economía*. Madrid: Espasa-Calpe, 591.

Gordon Childe, V. (1978). *Los orígenes de la civilización*, Madrid: FCE.

Martínez, A. (2015, 5 de febrero). «Un nuevo análisis descarta que los perros fueran domesticados en el Paleolítico». Vozpópuli [mensaje de blog]. Recuperado de http://vozpopuli.com/next/56960-un-nuevo-analisis-descarta-que-los-perros-fueran-domesticados-en-el-paleolitico

Ministerio de Agricultura, Alimentación y Medio Ambiente, (2014). Datos de consumo alimentario en España 2013. Recuperado de http://www.magrama.gob.es/es/alimentacion/temas/consumo-y-comercializacion-y-distribucion-alimentaria/PRESENTACION_DATOS_CONSUMO_2013_tcm7-321988.pdf

Mirando, F. y Guerrero, Y. (2008). *Medieval: territorios, sociedades y culturas*. Madrid: Sílex.

Onstable, G. (1995). *The orders of society. Three Studies in Medieval Religious and Social Thought*. Cambridge, Reino Unido: Cambridge University Press.

Riechmann, J. (2008, 27 de mayo). «¿Será posible alimentar a toda la población mundial de los próximos decenios?». Fundación Alfonso Comín. Recuperado de http://www.fdacomin.org/media/Riechmann-cast.pdf?PHPSESSID=7opn377p852mke9qe4leufsto6

Salas, J. (2013, 14 de noviembre). «Los lobos se hicieron perros siguiendo a los primeros cazadores europeos». Materia [mensaje de blog]. Recuperado de http://esmateria.com/2013/11/14/los-lobos-se-hicieron-perros-siguiendo-a-los-primeros-cazadores-europeos-segun-un-estudio

Serjeantson, D. y Waldron, T. (1989). *Diet and crafts in Towns. the evidence of animal remains from the Roman period to the Post-Medieval periods*. Oxford: Reino Unido, BAR British Series 199.

Skoglund *et al.* (2015, 1 de junio). «Ancient Wolf Genome Reveals an Early Divergence of Domestic Dog Ancestors and Admixture into High-Latitude Breeds». *Current Biology*, núm. 25. Recuperado de http://www.cell.com/current-biology/pdf/S0960-9822(15)00432-7.pdf

USDA (2016, 20 de enero). «Statistics & Information». United States Department of Agriculture Economic Research Service. Recuperado de http://www.ers.usda.gov/topics/animal-products/cattle-beef/statistics-information.aspx

## 2. Sobre el modelo de consumo en la posmodernidad

Colaboradores de Gastronomía&Cia (2015, 28 de abril). «La carne es el alimento menos eficiente para alimentar a la humanidad». Gastronomía&Cia [mensaje de blog]. Recuperado de http://www.gastronomiaycia.com/2015/04/28/la-carne-es-el-alimento-menos-eficiente-para-alimentar-a-la-humanidad

Corporate Europe Observatory & Friends of the Earth Europe (2015). «Problemas de los cultivos transgénicos». Bélgica, Bruselas: Stop the Crop for a sustainable, GMO-free future. Recuperado de http://www.stopthecrop.org/es/problemas-de-los-cultivos-transgenicos

«El mejor discurso que jamás escucharás - Yourofsky, G» (2011, 7 de julio). [The Animal Holocaust, YouTube]. Recuperado de https://www.youtube.com/watch?v=ZzvK5uLu7F0

ESADE (2012). «Un estudio de Creafutur y ESADE señala un cambio en el modelo de consumo mundial: del consumismo feliz al consumo ciudadano». Barcelona: ESADE. Recuperado de http://www.esade.edu/web/esp/about-esade/today/news/viewelement/237601/1/un-estudio-de-creafutur-y-esade-senala-un-cambio-en-el-modelo-de-consumo-mundial:-del-consumismo-feliz-al-consumo-ciudadano

«eTalks - The Secrets of Food Marketing» (2014, 12 de mayo). [Compassion in World Farming, YouTube]. Recuperado de https://www.youtube.com/watch?v=mKTORFmMycQ

Europa Press (2012, 26 de noviembre). «El multimillonario Buffett pide otra vez a Obama que suba los impuestos a los ricos». *Público*. Recuperado de: http://www.publico.es/internacional/multimillonario-buffett-pide-vez-obama.html

Hanauer, N. (2014, julio/agosto). «The Pitchforks Are Coming... For Us Plutocrats». *Politico Magazine*. Recuperado de http://www.politico.com/magazine/story/2014/06/the-pitchforks-are-coming-for-us-plutocrats-108014_full.html#.VgemAfntmkq

López, A. (2014, 20 de junio). Las multinacionales escaparán al control político con el Tratado de Libre Comercio UE-EEUU. *Público*. Recuperado de http://www.publico.es/politica/multinacionales-escaparan-al-control-politico.html

Naciones Unidas (2002). «Síntesis. Modelos de consumo y producción». Sudáfrica: Cumbre de Johannesburgo de 2002. Recuperado de http://www.un.org/spanish/conferences/wssd/modelos_ni.htm

Martínez, L. (2013, 6 de diciembre). «El ser humano es cada vez más carnívoro». *Muy Interesante* [en línea]. Recuperado de http://www.muyinteresante.es/ciencia/articulo/el-ser-humano-es-cada-vez-mas-carnivoro-271386071479

Mateos, A. y Rodríguez, J. (2015). «La dieta que nos hizo humanos». Burgos: Museo de la Evolución Humana. Recuperado de https://drive.google.com/file/d/0B_Edz1CuY7Uhb3Y2TFZUem9oVkE

S.F. (2013, 14 de noviembre). «El 25% del Melocotón de Calanda se come fuera de España». *ABC*. Recuperado de http://www.abc.es/local-aragon/20131118/abci-melocoton-calanda-aumenta-exportaciones-201311180946.html

Salvador, X. (2013, 4 de noviembre). «Primark triplica sus beneficios en España». *Economía digital*. Recuperado de http://www.economiadigital.es/es/notices/2013/11/primark_triplica_sus_beneficios_en_espana_47100.php

Salvat, J. (director). (2015, 25 de agosto). «Sobreviure a la nevera» [programa de televisión]. *Sense ficció*. Barcelona: TV3.

Oil Reserves (2015, 8 de septiembre). Wikipedia, la enciclopedia libre. Recuperado de http://en.wikipedia.org/wiki/Oil_reserves

Colaboradores de Oxfam Intermón (2015). «Todo lo que necesitas saber sobre comercio justo». Recuperado de http://cdn2.hubspot.net/hub/426027/file-2384404317-pdf/Ebooks/ebook_Comercio_Justo.pdf

Rice, J. (2003, 21 de enero). «"The Famine Year" - Lady Jane WILDE ("Speranza") -1821-1896». Utah, Estados Unidos: RootsWeb. Recuperado de http://archiver.rootsweb.ancestry.com/th/read/IrelandGenWeb/2003-01/1043186782

Vivas, E. (2015, 10 de febrero). «En un siglo hemos perdido el 75% de las variedades agrícolas». Esther Vivas [mensaje de blog]. Recuperado de http://esthervivas.com/2015/02/10/en-un-siglo-hemos-perdido-el-75-de-las-variedades-agricolas/

Zamora, I. (2013, 6 de noviembre). «Por qué la ropa de Primark es tan barata». *ABC*. Recuperado de http://www.abc.es/20121105/economia/abci-exito-primark-barato-201210291236.html

## 3. El consumo de carne en el mundo

Bavera, G. A. (2008). «Cursos de producción bovina de carne. Destete definitivo; efectos». Argentina: Universidad Nacional de Río Cuarto. Recuperado de http://www.produccionbovina.com/informacion_tecnica/destete/37-destete_definitivo_efectos.pdf

Bermúdez de Castro, J. M. (2014, 29 de abril). «Lactancia: un regalo de los dioses». Reflexiones de un primate [mensaje de blog]. Recuperado de http://reflexiones-de-un-primate.blogs.quo.es/2014/04/29/lactancia-un-regalo-de-los-dioses

Carnero Chamón, E. (2014, 8 de octubre). «Ser vegano no es lo que usted piensa». *El País*. Recuperado de http://elpais.com/elpais/2014/10/08/buenavida/1412757202_712498.html

Colaboradores de Igualdad Animal (2015). «Granjas y mataderos». Madrid: Igualdad Animal. Recuperado de www.granjasymataderos.org

EFE (2014, 6 de marzo). «Una dieta rica en proteínas de origen animal es tan nociva para la salud como lo es el tabaco». *20 minutos*. Recuperado de http://www.20minutos.es/noticia/2077062/0/dieta-proteinas-animales/mortalidad-salud/tabaco

Facultad de Veterinaria de ULGPC (2015). *Nutrición Animal*, capítulo 26. «La alimentación del vacuno de leche». Las Palmas de Gran Canaria: ULGPC. Recuperado de http://www.webs.ulpgc.es/nutranim/tema26.htm

García, C. (2012). «La producción ecológica en España». Recuperado de http://www.agroecologia.net/wp-content/uploads/2013/05/produccion-ecologica-espana.pdf?rs_file_key=111313940652bc1e52ede0f994775404

«Investigación de Equanimal en las Granjas de Cerdos españolas» (2009) [Equanimal, Vimeo]. Recuperado de https://vimeo.com/6469550

Ireland, C. (2006). «Hormones in milk can be dangerous». Harvard University Gazette [mensaje de blog]. Recuperado de http://news.harvard.edu/gazette/2006/12.07/11-dairy.html

Joy, M. (2010). *Por qué amamos a los perros, nos comemos a los cerdos y nos vestimos con las vacas*. Madrid: Plaza y Valdés, 48-49.

«Full Debate - Animals Should Be Off The Menu; The St James Ethics & Wheeler Centre» (2012, 30 de mayo). [Kindness Trust, YouTube]. Recuperado de https://www.youtube.com/watch?v=mNED7GJLY7I

Linde, P. (2014, 27 de noviembre). «¿Y si dejáramos de comer carne?». *El País*. Recuperado de http://elpais.com/elpais/2014/11/26/buenavida/1417006731_060496.html

López Ojeada, N. (2014, 10 de marzo). «El exceso de proteína animal en la mediana edad aumenta el riesgo de muerte prematura». Sociedad Dietética y Ciencias de la Alimentación [mensaje de blog]. Recuperado de http://www.nutricion.org/noticias/noticia.asp?id=75

MAGRAMA (2010). «Guía de mejores técnicas disponibles del sector porcino». Madrid: Ministerio de Medio Ambiente y Medio Rural y Marino. Recuperado de http://www.magrama.gob.es/es/ganaderia/publicaciones/guiamtdssectorporcino_tcm7-5872.pdf

MAGRAMA (2012). «Anuario de estadística 2012 (datos 2012 y 2012) completo». Madrid: Ministerio de Agricultura, Alimentación y Medio Ambiente. Recuperado de http://www.magrama.gob.es/es/estadistica/temas/publicaciones/anuario-de-estadistica/2012/default.aspx?parte=3&capitulo=14&grupo=2

MAGRAMA (2015). «Animales de granja. Normativa sobre la protección de los animales en el momento del sacrificio». Madrid: Ministerio de Agricultura, Alimentación y Medio Ambiente. Recuperado de http://www.magrama.gob.es/es/ganaderia/temas/produccion-y-mercados-ganaderos/rd54-95_modificacion_tcm7-5553.pdf

Marmelada, C. (2003, 15 de enero). «Sobre el origen de la inteligencia humana». Ampliación del artículo «El origen de la inteligencia humana», según

Arsuaga. Navarra: Universidad de Navarra, Grupo de Investigación Ciencia, Razón y Fe. Recuperado de http://www.unav.es/cryf/origeninteligencia.html

Marmelada, C. (2007, 31 de diciembre). «¿Comer carne nos hizo inteligentes?». La Medina de Psicología [mensaje de blog]. Recuperado de http://medina-psicologia.ugr.es/cienciacognitiva/?p=16

Ministerio de Agricultura, Pesca y Alimentación (2002). Real Decreto 3/2002, de 11 de enero, por el que se establecen las normas mínimas de protección de las gallinas ponedoras. Madrid: Boletín Oficial del Estado. Recuperado de http://www.boe.es/diario_boe/txt.php?id=BOE-A-2002-831

Monson, S. (director y productor). (2003). *Earthlings* [documental]. Estados Unidos: Nation Earth.

«Official "Glass Walls" Video by Paul McCartney» (2013, 12 de abril). [PETA, YouTube]. Recuperado de https://www.youtube.com/watch?v=ql8xkSYvwJs

Oxfam Intermón (2012, julio). Recetas para cambiar el mundo (23-25). Recuperado de http://www.oxfamintermon.org/sites/default/files/documentos/files/Receta%20para%20cambiar%20el%20mundo.pdf

Patterson, C. (2002). *Eternal Treblinka: Our Treatment of Animals and the Holocaust*. Nueva York: Lantern Books.

«Philip Wollen: Animals Should Be Off The Menu debate» (2012, 16 de mayo). [Kindness Trust, YouTube]. Recuperado de https://www.youtube.com/watch?v=uQCe4qEexjc

Ramírez de Castro, N. (2014, 5 de marzo). «El secreto de la longevidad: comer menos proteínas animales hasta cumplir los 65». *ABC*. Recuperado de http://www.abc.es/salud/noticias/20140304/abci-comer-menos-proteinas-alarga-201403041841.html

*Staff* de Anima Naturalis (2015). La explotación de las vacas por su leche. Barcelona, España: Anima Naturalis. Recuperado de http://www.animanaturalis.org/p/1463/la_explotacion_de_las_vacas_lecheras

*Staff* de CDC (2011). «Leche cruda (sin pasteurizar)». Atlanta, Estados Unidos: Centro para el Control y la Prevención de Enfermedades. Recuperado de: https://web.archive.org/web/20150413153732/http://www.cdc.gov/spanish/especialesCDC/LecheCruda

*Staff* de Farm Forward (2015). «Ending Factory Farming». Recuperado de http://farmforward.com/ending-factory-farming

*Staff* de Free From Harm (2012, 24 de junio). «Philip Wollen, Australian Philanthropist, Former VP of Citibank, Makes Blazing Animal Rights Speech». *Free From Harm* [mensaje de blog]. Recuperado de http://freefromharm.org/videos/educational-inspiring-talks/philip-wollen-australian-philanthropist-former-vp-of-citibank-makes-blazing-animal-rights-speech/

*Staff* de Holm & Laue (2015). «Gesunde Milch durch Pasteurisieren». Westerrönfeld, Alemania: Holm & Laue GmbH & Co. KG. Recuperado de http://www.holm-laue.de/mtx_pasteurisieren.php

*Staff* de Igualdad Animal (2009). «Cerdos: MÁQUINAS productoras de carne». Madrid: Igualdad Animal. Recuperado de http://www.granjasymataderos.org/granja-industrial-cerdos.php

*Staff* de Igualdad Animal (2009). «Pollitos machos triturados vivos según muestra una investigación en EE.UU.». Madrid: Igualdad Animal. Recuperado de http://www.igualdadanimal.org/noticias/4985

*Staff* de Mercy for Animals (2015). «Hatchery Horrors: The Egg Industry's Tiniest Victims». Los Ángeles, Estados Unidos. Recuperado de http://hatchery.mercyforanimals.org

*Staff* de PACMA (2012, 13 de agosto). «Un profesor de Aula Animal y un alumno de bachillerato visitan un matadero». Barcelona: PACMA. Recuperado de http://pacma.es/un-profesor-de-aula-animal-y-un-alumno-de-bachillerato-visitan-un-matadero

*Staff* de la OMS (2015). «Prevención del cáncer». Ginebra, Suiza: OMS. Recuperado de http://www.who.int/cancer/prevention/es

**4. Nos miran con ojos de besugo**

Agudo, A. (2014, 18 de marzo). «La pesca sostenible en ocho pasos». *El País*. Recuperado de http://elpais.com/elpais/2014/03/18/planeta_futuro/1395182230_054154.html

Colaboradores de Gastronomía&Cia (2014, 28 de febrero). «En una acuicultura sostenible la dieta de los peces debe ser vegetariana». Gastronomía&Cia [mensaje de blog]. Recuperado de http://www.gastronomiaycia.com/2014/02/20/en-una-acuicultura-sostenible-la-dieta-de-los-peces-debe-ser-vegetariana

Bachelet, G. *et al.* (2004, 2 de agosto). «Invasion of the eastern Bay of Biscay by the nassariid gastropod Cyclope neritea: origin and effects on resident fauna». Oldendorf/Luhe, Alemania: Inter-Research Science Center. Recuperado de http://www.int-res.com/articles/meps2004/276/m276p147.pdf

Berazaluce, I. (2011, 6 de octubre). «Por qué no podemos sobrevivir comiendo solo conejo». Yorokobu. Recuperado de http://www.yorokobu.es/por-que-no-podemos-sobrevivir-comiendo-solo-conejo

Calero, A. (2012, 13 de febrero). «Dietas Ancestrales. La paradoja esquimal. Mucha grasa y poca verdura». Directo al paladar [mensaje de blog]. Recuperado de http://www.directoalpaladar.com/salud/dietas-ancestrales-la-paradoja-esquimal-mucha-grasa-y-poca-verdura

CEACS (1978, 12 de enero). «España también amplía sus aguas jurisdiccionales a 200 millas». Madrid, Fundación Juan March: Archivo Linz de la Transición Española. Recuperado de http://www.march.es/ceacs/biblioteca/proyectos/linz/Documento.asp?Reg=r-56872

Dunayer, J. (2001). «Los peces: sensibilidad más allá de la comprensión del captor» (traducido por Teresa Gallego). Madrid: Igualdad Animal. (Obra original publicada en *The Animals' Agenda*, en julio/agosto de 1991, 12-13, 15-18). Recuperado de http://www.igualdadanimal.org/articulos/joan-dunayer/los-peces-sensibilidad-mas-alla-de-la-comprension-del-captor

Fernández, D. (2013, 2 de diciembre). «Defensa gasta 15 000 millones más de lo presupuestado en diez años en sus programas de armas». *20 Minutos*. Recuperado de http://www.20minutos.es/noticia/1989446/0/presupuesto-defensa/15000-millones/centro-delas

Gallart Jornet, L. y Escriche Roberto, I. (2005). *La salazón de pescado, una tradición en la dieta mediterránea*. Valencia: Universidad Politécnica de Valencia.

Gutiérrez, M. (2013, 8 de julio). «Los peces y nuestra empatía». *Clarín*. Recuperado de http://www.clarin.com/buena-vida/tendencias/peces-empatia_0_952105050.html

Olazábal, V. (2015, 6 de abril). «Comienza en Nepal la mayor matanza animal del mundo». *El País*. Recuperado de http://www.elmundo.es/ciencia/2014/11/28/547897e8268e3ed7378b4570.html

«Pesca artesanal» (2011, 11 de octubre). [Greenpeacespain, YouTube]. Recuperado de https://www.youtube.com/watch?v=EC0UcK43Ymo

Pilar Espinosa, R. (2013, 25 de febrero). «La pesca artesanal: debilidades y fortalezas». *ABC*. Recuperado de http://www.abc.es/natural-desarrollorural/20130212/abci-proyecto-ecopez-201302121222.html

Psihoyos, L. (director y productor). (2009). *The Cove* [documental]. Estados Unidos: Nation Earth.

Rico, J. (2015, 27 de abril). «Recortes a las reservas marinas y la pesca sostenible». *El País*. Recuperado de http://sociedad.elpais.com/sociedad/2012/04/19/actualidad/1334837095_718187.html

Sanz, J. (2011, 19 de octubre). «La carta que, por llegar con retraso, cambió el mundo y salvó a las ballenas». Historias de la historia [mensaje de blog]. Recuperado de http://historiasdelahistoria.com/2011/10/19/la-carta-que-por-llegar-con-retraso-cambio-el-mundo-y-salvo-a-las-ballenas

*Staff* de Cancer Research UK (s.f.). «Shark cartilage». Oxford, Reino Unido: Cancer Research UK. Recuperado de http://www.cancerresearchuk.org/about-cancer/cancers-in-general/treatment/complementary-alternative/therapies/shark-cartilage

*Staff* de *El Correo* (2010, 27 de abril). «El Gobierno chino quiere acabar con la sopa de aleta de tiburón». *El Correo de Andalucía*. Recuperado de http://elcorreoweb.es/el-gobierno-chino-quiere-acabar-con-la-sopa-de-aleta-de-tiburon-GBEC251575

*Staff* de National Geographic (s.f.). «La crisis mundial de la pesca: aguas silenciosas». *National Geographic*. Recuperado de http://www.nationalgeographic.es/el-oceano/mundial-de-pescado-a-la-crisis-el-articulo

*Staff* de RT (2014, 9 de febrero). «Festival danés: cientos de delfines y ballenas mueren en horrorosa matanza tradicional». RT. Recuperado de http://actualidad.rt.com/actualidad/view/119376-masacrar-tradicion-mil-delfines-ballenas-dinamarca

Stewart, R. (director y productor). (2006). *Sharkwater* [documental]. Canadá: MPAA.

Thomas, K. y Jiménez, E. (2015, 16 de enero). «Monster boats: atraco en alta mar». Greenpeace España [mensaje de blog]. Recuperado de http://www.greenpeace.org/espana/es/Blog/monster-boats-atraco-en-alta-mar/blog/51888

Wright, A. y Glynn, W. (2015, 20 de enero). «New Zealand initiates action against IUU vessels in the Southern Ocean». Tasmania, Australia:

CCAMLR. Recuperado de https://www.ccamlr.org/en/news/2015/new-zealand-initiates-action-against-iuu-vessels-southern-ocean

## 5. Eres lo que comes

European Food Information Council (s.f.). «Vegetarianismo - Aspectos nutricionales a tener en cuenta cuando te planteas ser vegetariano». Recuperado de http://www.eufic.org/article/es/artid/vegetarianismo-aspectos-nutricionales

Henning, S. y Chilonda, P. (2008). «Perspectiva mundial». Roma, Italia: FAO. Recuperado de ftp://ftp.fao.org/docrep/fao/010/a0255s/a0255s02.pdf

Intensive farming. (2015, 1 de septiembre). Wikipedia, la enciclopedia libre. Recuperado de https://en.wikipedia.org/w/index.php?title=Intensive_farming&oldid=678928870

«La ley de Keibler, las matemáticas detrás del diseño de la vida» (2014, 18 de febrero). *ABC*. Recuperado de http://www.abc.es/ciencia/20140218/abci-kleiber-matematicas-detras-diseno-201402171734.html

Mckeith, G. (2005). *Eres lo que comes: la dieta que cambiará tu vida*. Barcelona: Planeta.

Murcia, J. L. (s.f.). «Tendencias en el consumo de carnes». Madrid, España: Mercasa. Recuperado de http://www.mercasa.es/files/multimedios/1401809633_Tendencias_en_el_consumo_mundial_de_carnes_p32-p37.pdf

Norris, J. (s.f.). «Lo que cada vegano debe saber de la vitamina B-12». VeganHealth. Recuperado de http://www.veganhealth.org/articles/everyveganspanish

*Staff* de Igualdad Animal (s.f.). «Vitamina B12 - Cobalaminas». Madrid, España: Igualdad Animal. Recuperado de http://www.igualdadanimal.org/nutricion/vitaminas/b12-cobalaminas

Singer, P. (2011). *Liberación animal: el clásico definitivo del movimiento animalista*. Madrid: Taurus.

White, A. (director y productor). (2004). *La máquina del tiempo* [documental]. Reino Unido: BBC.

## 6. Vísteme despacio

Adamson, G. (1987). *My Pride and Joy: An Autobiography*. New York: Simon & Schuster.

Ansede, M. (2012, 31 de diciembre). «Hay más linces ibéricos disecados o convertidos en alfombras que vivos». Materia. Recuperado de http://esmateria.com/2012/12/31/hay-mas-linces-ibericos-disecados-o-convertidos-en-alfombras-que-vivos/

Blánquez, I. (director). (2013). *Febrero, el miedo de los galgos*. [Waggintale Films, Vimeo]. Recuperado de https://vimeo.com/74956745

«Christian, el León» Born Free Foundation (2008, 2 de noviembre) [CRISISinNEVERLAND, YouTube]. Recuperado de https://www.youtube.com/watch?v=92W9RAF-JU8

Bourke, A. y Rendall, J. (2009). *A Lion Called Christian*. Reino Unido: Bantham Press.

Cifre, A. (2014, 8 de agosto). «Abandonados por vacaciones». *Eldiario.es*. Recuperado de http://www.eldiario.es/canariasahora/premium_en_abierto/Abandonados-vacaciones_0_290121246.html

«Cruelty Free International». Recuperado de https://www.crueltyfreeinternational.org

Debesa, F. (2014, 15 de diciembre). «Polémica por un zoo que deja entrar a las jaulas de los leones». *Clarín*. Recuperado de http://www.clarin.com/sociedad/Polemica-zoo-jaula-leones_0_1267073324.html

«Domar no es domesticar» (s.f.). Catalunya Lliure d'Animals en Circs. Recuperado de http://www.clac.cat/es/domar-no-es-domesticar/

«El cruel secreto de la lana de angora» (2015, 12 de febrero). Divinity. Recuperado de http://www.divinity.es/revista/moda/cruel-secreto-lana-angora_0_1939350263.html

F. P. (2014, 28 de mayo). «Leyes de protección animal: España mejora en materia penal, pero continúa el caos autonómico». *20 Minutos*. Recuperado de http://www.20minutos.es/noticia/2149922/0/leyes/proteccion-animal/espana/

Grandin, T. y Deesing, M. J. (1998). «La genética del comportamiento animal». Dr. Temple Grandin's Web Page. Recuperado de http://www.grandin.com/spanish/genetica.comportamiento.html

Guerrero, T. (2010). «La dura vida del visón: de animal maltratado a abrigo». *El Mundo*. Recuperado de http://www.elmundo.es/elmundo/2010/10/19/ciencia/1287496045.html

Hernáiz, Cristina (2012, 14 de mayo). «El Guantánamo animal oculto en los sótanos del zoo de Barcelona». *VivaLeBio Revista.* Recuperado de http://www.vivalebio.com/es/4patas/450-zoo-de-barcelona-los-sotanos-de-la-verguenza.html

«Igualdad Animal entrevista a un extrabajador de una granja de visones» (2013, 27 de julio). [IgualdadAnimalVideos, YouTube]. Recuperado de https://www.youtube.com/watch?v=XsCZxa79p-4

Kisling, V. N. (2001). *Zoo and Aquarium history: Ancient Animal Collections to Zoological Gardens.* Florida, Estados Unidos: CRC Press.

Kupfer-Koberwitz, E. (s.f.). «Los animales, mis hermanos». Unión Vegetariana Internacional (IVU). Recuperado de http://www.ivu.org/spanish/trans/arrs-letter.html

«La oveja doméstica llegó de Oriente Medio en el Neolítico» (2009, 24 de abril). *Europa Press.* Recuperado de http://www.europapress.es/ciencia/noticia-oveja-domestica-llego-oriente-medio-neolitico-20090424104718.html

Maison, G., Cooper, J. y Clarebrough, C. (2001). «Frustrations of fur-farmed mink». *Nature,* núm. 410, 34-36.

«Mara Torres - La 2 Noticias / La calidad no justifica la crueldad» (2009, 9 de febrero). [Mara Torres Página no oficial, YouTube]. Recuperado de https://www.youtube.com/watch?v=Dsmhlb8zLGk

McIntyre, J. (2004). *Synthetic Fibres: Nylon, Polyester, Acrylic, Polyolefin.* Cambridge, Reino Unido: Woodhead Publishing.

Mellado, A. (2014, 11 de julio). «Animales de laboratorio, al alza en el Reino Unido». *ABC.* Recuperado de http://www.abc.es/ciencia/20140711/abci-animales-laboratorio-alza-reino-201407111047.html

Méndez, A. (s.f.). «La domesticación animal durante el Neolítico». *Lebrija Digital.* Recuperado de http://www.lebrijadigital.com/web/secciones/29-historia/2242-historia-la-domesticacion-animal-durante-el-neolitico

Mucha, M. (2012, 22 de diciembre). «China no es país para ser de angora». *El Mundo.* Recuperado de http://www.elmundo.es/cronica/2013/12/22/52b5849922601dca418b4572.html

«Muere "Shrek", la oveja que se escondió seis años para no ser trasquilada» (2011, 7 de junio). *Emol.* Recuperado de http://www.emol.com/noticias/

internacional/2011/06/07/485946/muere-shrek-la-oveja-que-se-escondio-seis-anos-para-no-ser-trasquilada.html

Mumbrú, J. (2015, 23 de enero). «El zoo detecta estrés entre los animales por culpa de las obras». *El País*. Recuperado de http://ccaa.elpais.com/ccaa/2015/01/23/catalunya/1422045146_777838.html

Nichols, H. (2011, 15 de noviembre). «Domar a lo bestia». *QUO*. Recuperado de http://www.quo.es/naturaleza/domar-animales

ProCon (2015). «Should Animals Be Used for Scientific or Commercial Testing?». Recuperado de http://animal-testing.procon.org/

Reuters Group Limited (2014, 28 de agosto). «Oveja deja 23,5 kilos de lana en su primera esquilada». *La Tercera*. Recuperado de http://www.latercera.com/noticia/tendencias/2014/08/659-593384-9-oveja-deja-235-kilos-de-lana-en-su-primera-esquilada.shtml

RTVE (productor). (2014, 25 de abril). «Animales de circo. En la cuerda floja» [programa de televisión]. *El escarabajo verde*. España: RTVE. Recuperado de http://www.rtve.es/alacarta/videos/el-escarabajo-verde/escarabajo-verde-animales-circo-cuerda-floja/2530881

*Staff* de Anima Naturalis (s.f.a). «Ciudades libres de circos con animales en España». Barcelona: Anima Naturalis. Recuperado http://www.animanaturalis.org/p/1487/ciudades_libres_de_circos_con_animales_en_espana

*Staff* de Anima Naturalis (s.f.b). «Experimentos frívolos». Barcelona: Anima Naturalis. Recuperado http://www.animanaturalis.org/p/1477

*Staff* de Anima Naturalis (s.f.c). «Las pieles: cerrar los ojos, ¡es ser cómplice!». Barcelona: Anima Naturalis. Recuperado http://www.animanaturalis.org/p/1465

*Staff* de Anima Naturalis (s.f.d). «Objeción de conciencia a la práctica quirúrgica veterinaria». Barcelona: Anima Naturalis. Recuperado http://www.animanaturalis.org/p/1043

*Staff* de Anima Naturalis (s.f.e). «Rellenos de plumas de ganso». Barcelona: Anima Naturalis. Recuperado http://www.animanaturalis.org/p/727

*Staff* de FAADA (2015). «Protección animal en el Código Penal». Fundación FAADA. Recuperado de http://faada.org/legislacion-1

*Staff* de People for Ethical Living (2010, 15 de octubre). «The profitable cruelty of animal research». Recuperado de http://peopleforethicalliving.com/profit-cruelty-animal-research

Sierra, L. (2012, 16 de mayo). «Quejas de los animalistas por el estado de los animales en el zoo de Barcelona». *La Vanguardia*. Recuperado de http://www.lavanguardia.com/vida/20120516/54294752474/animalistas-animales-zoo-barcelona.html

The European Coalition to End Animal Experiments (2015). «Frivolous Experiments». Londres, Reino Unido: ECEAE. Recuperado de http://www.eceae.org/mk/the-truth-about-animal-testing/frivolous-experiments

Wilkins. A. S., Wrangham, R. W. y Fitch, T. (2014, 1 de julio). «The "Domestication Syndrome" in Mammals: A Unified Explanation Based on Neural Crest Cell Behavior and Genetics». *Genetics*, vol. 197, núm. 3. Recuperado de http://www.genetics.org/content/197/3/795.full

«Zoológico de Luján permite que visitantes toquen a las fieras» (2014, 30 de marzo). [Latina.pe, YouTube]. Recuperado de https://www.youtube.com/watch?v=PWUYpq9ttZI

**7. Seguro que te olvidas de un animal**

Barba, G. (2014, 10 de octubre). «China supera a EU como mayor economía mundial». *Forbes*. Recuperado de http://www.forbes.com.mx/china-supera-ee-uu-como-mayor-economia-mundial

Bravo, A. (2013, 23 de octubre). «Juan Roig: "Nos equivocamos al vender el producto fresco como el seco, todo empaquetado"». *El Mundo*. Recuperado de http://www.elmundo.es/economia/2013/10/23/5267b8e363fd3d0a418b4574.html

Danza, A. y Tulbovitz, E. (2015). *Una oveja negra al poder. Confesiones e intimidades de Pepe Mujica*. Editorial Sudamericana.

Discurso de José Mujica, presidente del Uruguay, en la Cumbre Río+20 (2012, 26 de junio). *APUNTES de ESCRITORIO* [mensaje de blog]. Recuperado de https://apuntesdeescritorio.wordpress.com/2012/06/26/discurso-de-jose-mujica-presidente-del-uruguay-en-la-cumbre-rio20/

«Intervención del Presidente de Uruguay José Mujica - Cumbre Rio+20» (2012, 25 de julio). [Privaler, YouTube]. Recuperado de https://www.youtube.com/watch?v=QxE0ntnt7-0

«Jose "Pepe" Mujica, Discurso Completo, ONU 2013» (2013, 24 de septiembre). [Roberto Nada, YouTube]. Recuperado de https://www.youtube.com/watch?v=OLef1zl7k4Q

«La declaración unánime de los trece Estados Unidos de América» (s.f.). Valencia: Universidad de Valencia. Recuperado de http://www.uv.es/ivorra/Historia/SXVIII/Declaracion.html

«La esclavitud en la industria del chocolate» (s.f.). Food Empowerment Project. Recuperado de http://www.foodispower.org/es/la-esclavitud-en-la-industria-del-chocolate

«Las ONG alertan del riesgo de ser expulsadas» (2015, 22 de abril). *El Día*. Recuperado de http://eldia.es/agencias/8063286-CENTROS-EXTRANJEROS-Prevision-ONG-denuncia-aumento-expulsiones-expres-inmigrantes

Martínez, T. (2013, 30 de agosto). «Inditex: a costa del sudor de las costureras gallegas». *La Marea*, núm. 8. Recuperado de http://www.lamarea.com/2013/08/30/inditex

Martínez, A. (2014, 30 de septiembre). «H&M no convence a Anniken Jørgensen, la bloguera que ha denunciado a la compañía por explotación laboral en Camboya». *ABC*. Recuperado de http://www.abc.es/estilo/moda/20140928/abci-bloguera-201409251948.html

Maestre, A. (2014, 15 de diciembre). «Mercadona, derechos laborales de marca blanca». *La Marea*, núm. 15. Recuperado de http://www.lamarea.com/2014/12/15/mercadona-derechos-laborales-de-marca-blanca

«Mujica, un presidente viral sin pelos en la lengua» (2015, 28 de febrero). *Europa Press*. Recuperado de http://www.europapress.es/internacional/noticia-mujica-presidente-viral-pelos-lengua-20150228082103.html

«Roig desvela el secreto de los sueldos de Mercadona» (2015, 5 de marzo). *El Huffington Post*. Recuperado de http://www.huffingtonpost.es/2015/03/05/sueldos-mercadona_n_6807782.html

«Tras la marca» (2015). Oxfam Intermón. Recuperado de http://www.behindthebrands.org

Vergoñós, M. (2014, 7 de noviembre). «Luxemburgo, las multinacionales y la elusión fiscal». *La Vanguardia*. Recuperado de http://www.lavanguardia.com/economia/tu-espacio-profesional/20141107/54419022815/luxemburgo-multinacionales-elusion-fiscal.html

**8. *¡Hakuna matata!* La filosofía del vive y deja vivir**
«Book Trailer: Los verdes somos los nuevos rojos, de Will Potter» (2013, 17 de noviembre). [Plaza y Valdés Editores, YouTube]. Recuperado de https://www.youtube.com/watch?v=IH8YJ_nPylk
«Cerdos vietnamitas asilvestrados: nueva amenaza para el medio natural» (2014, 20 de enero). *La Vanguardia*. Recuperado de http://www.lavanguardia.com/natural/fauna-flora/20140120/54398257224/cerdos-vietnamitas-asilvestrados-nueva-amenaza-para-el-medio-natural.html
«El recurso del agua y su consumo en la ganadería» (s.f.). Hazte Vegetariano. Recuperado de http://www.haztevegetariano.com/p/951/el_recurso_del_agua_y_su_consumo_en_la_ganaderia
Flaherty, R. J. (director y productor). (1922). *Nanuk, el esquimal* [documental]. Estados Unidos: Revillon Frères.
Fernández, A. (2014, 22 de octubre). ¿Por qué en España quieren matar casi a 200 lobos? *BBC*. Recuperado de http://www.bbc.co.uk/mundo/noticias/2014/10/141014_espania_lobos_lp
Hoag, H. (2013, 2 de diciembre). «Humans are becoming more carnivorous». *Nature* [mensaje de blog]. Recuperado de http://www.nature.com/news/humans-are-becoming-more-carnivorous-1.14282
Plasencia, A. (2014, 3 de octubre). «Digital vs. Humano: ¿La tecnología causa una involución humana?». *El Mundo*. Recuperado de http://www.elmundo.es/economia/2014/10/03/542e623822601d4d248b4576.html
Potter, W. (2013). *Los verdes somos los nuevos rojos*. Madrid: Plaza y Valdés.
Rojas, A. (2002, 27 de octubre). «Ser vegetariano y vivir en España». *El Mundo*, «Crónica», núm. 367. Recuperado de http://www.elmundo.es/cronica/2002/367/1035797685.html
Rooke, J. (2013, 30 de octubre). «Do carnivores need Vitamin B12 supplements?». *Baltimore Post-Examiner* [mensaje de blog]. Recuperado de

http://baltimorepostexaminer.com/carnivores-need-vitamin-b12-supplements/2013/10/30

*Staff* de EFE (2012, 23 de septiembre). «Tiramos a la basura 179 kilos de comida al año mientras los comedores sociales están llenos». *Público*. Recuperado de http://www.20minutos.es/noticia/1596165/0/desperdicio-comida/basura/comedores-sociales/

*Staff* de EFE (2015, 20 de marzo). «Burros zamoranos, los mejores para proteger a los rebaños ante lobos». *Público*. Recuperado de http://www.publico.es/ciencias/burros-zamoranos-mejores-proteger-rebanos.html

**9. Epílogo. Soy porque nosotros somos**

Joffe, C. H. y Rollins, J. (productores); Allen, W. (director). (1977). *Annie Hall* [cinta cinematográfica]. Estados Unidos: Joffe Production.

## Javier Ruiz

Javier Ruiz Fernández nació el 8 de marzo de 1986 en la Barcelona preolímpica, y poco después se comió una caja de cerillas. Codirige una agencia de marketing digital e intenta reservar tiempo suficiente  para escribir y dedicar tiempo a sus perros, a sus gatos, y a su creciente interés por seguir aprendiendo sobre etología y comportamiento animal.
Estudió Filosofía en la Universidad de Barcelona (UB) y Humanidades en la Universidad Pompeu Fabra (UPF) y, posteriormente, a trabajar como corrector profesional, redactor publicitario y blogger.
Por alguna razón no consigue olvidar que, antes de tanto edificio, por su barrio hubo payeses, animales y hectáreas libres de terreno, y puede que ahí radique el porqué de este libro.

# Otros títulos:

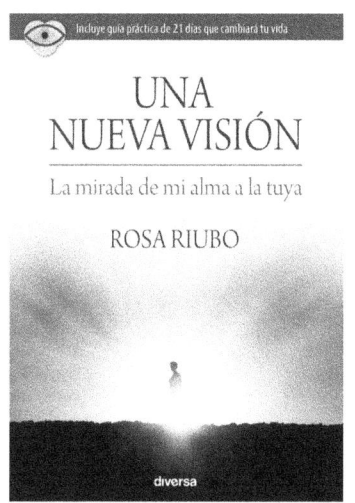

www.ingramcontent.com/pod-product-compliance
Lightning Source LLC
Chambersburg PA
CBHW051752040426
42446CB00007B/335